KB004433

Brand

저는 브랜딩을 하는
사람입니다

허준 지음

+ ing

브랜딩의 감을 잡아주는
가장 현실적인 기록

필름

추천의 글

현장에서 몸으로 경험한 살아있는 이야기를 진솔하게 엮었습니다. 마케터들이 매일매일 부딪히는 문제들을 해결하는 데 참고가 되고 용기를 북돋우겠습니다. 찾고, 퍼뜨리고, 실험하며 발전했던 기록이 여러분의 성장에도 도움이 되리라 믿습니다.

-홍성태 《브랜드로 남는다는 것》 저자)

위기의 순간에도 브랜드를 버티게 만드는 힘은 브랜딩에서 나옵니다. 브랜드를 이끄는 대표로서 숱한 위기를 이겨내며 브랜딩이 얼마나 중요한지 더욱 통감하는 요즘, 추천할 만한 책을 만나서 기쁩니다.

이 책의 저자 허준과 대화를 해보면 브랜딩에 대해서 얼마나 치열하게 고민했는지 궁금해질 정도로 인사이트의 깊이가 느껴집니다. 그런 그가 고군분투했던 과정을 단 한 권의 책으로 배울 수 있다는 사실은 큰 행운이라고 생각합니다. 긴 세월 동안 쌓아 올린 통찰력을 쉽고 빠르게 습득할 수 있기 때문입니다.

브랜딩에 대한 정의부터 기본 원칙, 발전 방향까지 골고루 제시하는 훌륭한 책입니다. 특히 일을 대하는 저자의 태도에서 깊은 감명을 받았습니다. 일에 있어서 꾸준함은 생명과도 같아요. 내 일을 사랑하며 끝까지 고민하는 자세가 중요합니다. 업을 가진 누구나 이 책에서 배울 것이 있다고 자신합니다.

-강윤선(준오헤어 대표)

"이렇게 하니까 매출이 10배 올랐어요"와 같은 말을 하고 싶은 책은 아니다. 브랜딩은 진정성을 가지고 꾸준히 방향을 갈고 닦는 일이지, 단기간에 매출이 "짠!" 하고 나오는 마법은 아니기 때문이다.

앞서 이야기한 마법 같은 일이 이루어질 것 같다는 생각을 가지고 이 책을 열었다면, 죄송하지만 다른 책을 찾아보라 권하고 싶다. 하지만 그럼에도 이 책을 계속 읽고 사례를 적용하다 보면 분명히 더 나은 나 그리고 더 나아진 브랜드를 발견할 수 있을 것이다. 저자가 항상 이야기하듯이 브랜딩은 본인의 인생과 닮아 있기 때문이다.

저자가 그동안 치열하게 쌓아왔던 실제 사례들은 더욱 깊은 인사이트를 줄 수 있으며 본인의 삶과 브랜드에 적용하기에 훌륭한 가이드가 될 수 있다. 브랜드의 방향성과 본질에 대해 고민이 있다면, 꼭 읽어보길 추천한다.

-위승준(여덟끼니 CMO)

F&B 시장은 하루가 멀다 하고 트렌드가 변한다. 시장 규모가 이렇게나 큰데(국내만 쳐도 100조가 넘는다!), 오랫동안 잘되는 식당 또는 브랜드는 손에 꼽힌다.

이렇게 부침이 심하고 난이도가 높은 업계에서, 최근 몇 년간 국내 시장에서 제일 핫했던 회사가 바로 노티드다. 그리고 저자는 노티드가 아직 브랜드가 아니라 작은 카페였던 시절부터 돌풍을 일으켜 전국을 휩쓸 때까지의 여정을 함께했다.

노티드가 일개 도넛이 아니라 센스 있는 선물로 거듭나기까지 어떤 생각과 노력이 있었는지, 왜 인플루언서들에게 선물을 할 때 1박스가 아니라 2박스를 주었는지 등 내부에서 핵심적인 역할을 했던 사람만이 해줄 수 있는 이야기들이 이 책에 담겨 있다.

개인적으로는 바람이 불 때까지 기다리지 말고, 역풍을 돛으로 어떻게 잡아탈지를 고민해야 한다는 말이 가장 와닿았다. 책을 읽으면서 지금 사람들이 주목하는 것들과 우리가 가진 것들을 어떻게 연결할 수 있을지를 계속 생각하게 됐다.

물론 언제나 그렇듯 우리가 가장 중요하게 생각해야 할 건 변하지 않는 가치다. 모든 트렌드에서 안타를 칠 수는 없기 때문이다. 저자도 이를 알고 있다. 이 책에서 가장 강조되는 건 트렌드가 아니라 같은 목표를 향해 똘똘 뭉쳐 달리는 팀과 고객을 단골로, 단골을 팬으로 만드는 진정성 있는 접객이다.

-윤수영(트레바리 대표)

이 글을 읽는 순간에도 많은 브랜드들이 생기고 사라집니다. 브랜딩을 업으로 하고 있고, 브랜딩에 대한 중요성을 외치고 다니지만 여전히 브랜딩은 어렵습니다. 브랜드가 브랜드로 경쟁력 있게 성장하기 위해서 브랜딩은 놓쳐서는 안 되는 요소 중 하나입니다. 그렇지만, 아직 브랜딩이 무엇인지에 대해서는 명확하지 않습니다. 마케팅과 비교하여 브랜딩의 중요성에 대해서 이목이 집중된 기간이 짧기 때문이죠. 누군가는 로고의 디자인을 보며 브랜딩이라고 하고 누군가는 브랜드가 취하는 태도를 브랜딩이라고 하기도 합니다.

당신이 추구하는 브랜딩을 명확히 하기 위해서, 잘하는 사람이 어떻게 잘했는지 살펴보는 것은 좋은 영감을 줍니다. 이 책의 저자는 브랜딩과 관련해서 이론이 아닌 실무를 0에서부터 이끌었던 경험을 갖고 있습니다. 그의 히스토리에서 우리는 많은 것들을 배울 수 있을 것입니다.

-진내경(크리에이티브 디렉터 내궁)

이 책을 골랐다면

당신은 왜 브랜딩을 하겠다고 마음먹었는가? 자신의 브랜드를 처음으로 만들고 싶을 수도 있고, 가게가 번창해서 이제는 사람들에게 하나의 브랜드로 기억되고 싶을 수도 있고, 번뜩이는 마케팅으로 매출을 높였지만 지속하지 못했을 수 있다. 뾰족한 수를 찾아 이 책을 펼쳤을 것이다.

아쉽지만 브랜딩에 정답은 없다. 그러나 한 가지 분명한 점은 브랜드가 살아가는 과정과 서사는 있으며, 어떻게 살아야 더 좋은 인생이 될 수 있는지에 대한 고민과 흔적 그리고 방향이 있다는 것이다.

인생에 어떻게 답이 있을까. 사람이 커가면서 가치관이 바뀌고, 그때마다 조금씩 성장하는 것처럼 브랜드의 인생도 마찬가지다. 그 흐름 속에서 브랜드를 건강하게 성장시킬 수 있는 좋은 영감이 되길 바라는 마음으로 이 책을 썼다.

거창한 이론보다 누군가의 경험담이 더욱 소중한 때임을 알기에 한 줄이라도 더 눌러 담았다. 본사 직원 70명으로 시작해서 700명이 될 때까지, 4년 만에 연매출 20배의 성과를 올린 경험담을 '이렇게까지 자세하게 이야기해 준다고?'라는 생각이 들 정도로 구체적으로 썼다.

특히 브랜딩을 어디서부터 시작해야 할지 몰라 막막하다면 이 책을 잘 골랐다. 브랜딩의 첫 단계부터 차근차근 밟아갈 수 있도록 나만의 브랜딩 원칙을 정리해두었다. 브랜딩의 기본을 지키는 것이 중요하기 때문에 브랜딩에 꼭 필요한 요소들만 모았다. 브랜드가 한 단계 더 도약하기를 바랄 때 주의할 점도 알뜰하게 챙겼다.

책의 첫 부분을 읽으면서 확실한 동기부여가 되었으면 좋겠다. 정의와 필요성에 대해 말해두었는데 브랜딩이 무엇인지, 왜 브랜딩을 해야 하는지 명확하게 깨달아야 행동으로 옮길 수 있기 때문이다. 들쭉날쭉한 매출 때문에 고민이라면 새로운 마케팅 방법을 찾기보다 브랜딩을 돌아봐야 할 때임을 명심하길 바란다.

무엇보다 브랜딩은 딱 한 번 구축해놓는다고 해서 영원히 지속되지 않는다. 브랜드를 유지하는 내내 갈고 닦아야 하는 것이 브랜딩이다. 브랜딩에 대한 고민이 들 때면 이 책을 통해 정답이 아닌 방향을 찾길 바란다.

차례

1부 왜 브랜딩인가

2부 나의 브랜딩 원칙

3부 브랜드의 더 높은 성장을 바란다면

4부 브랜딩도 결국 사람의 일

1부

왜 브랜딩인가

브랜딩의
시대가 왔다

내가 어릴 때는 동네에 슈퍼마켓만 있었다. 선택권 없이 그 슈퍼마켓에 있는 제품들만 즐길 수 있었다. 슈퍼마켓 사장님에게 옆 동네에 다른 과자가 있다고 말해도 가져다 놓는 경우가 별로 없었다. 내가 유일하게 즐길 수 있는 작은 먹거리였다. 그런데 편의점이 하나둘씩 생기면서 상황이 달라졌다.

처음에는 제품의 다양성으로 승부하며 슈퍼마켓을 없애더니 급기야 편의점들끼리 경쟁하기 시작했다. 가격 경쟁을 하다가 상품을 자체 개발하는 일로 불이 번졌다. 별다른 특성이 없던 곳마저 자신들만의 정체성을 보여주거나, 타깃 고객에게 맞는 상품들을 출시했다. 이제는 편의품을 파는 곳이 아닌 큐레이션이 된 자신들의 스타일을 보여주는 공간으로 탈바꿈했다.

어떤 물건이 단순하게 1,000원이어서 구매하는 시대는 지났다. 고객이 그 제품을 소비하는 데 어떤 의미가 있는지, 나와 결은 맞는지, 내 라이프 스타일의 방향성과는 통하는지를 판단하는 시대가 왔다. 그것이 결국 남들과는 다르고 까다로워진 소비자들의 입맛을 맞추며 내 브랜드를 더욱 소비자들에게 깊이 각인시켜야 하는 이유가 되었다. 이 모든 과정은 브랜딩에서 출발한다.

왜 '브랜딩'이란 단어가 유행처럼 번지게 되었을까?

과거에 창업은 정말 어려운 일이었다. 창업은 마치 엄청난 대의를 품은 현자만이 시작할 수 있는 일처럼 보였다. 우리는 굳건히 자리 잡힌 큰 기업에 들어가 회사의 그늘 아래 안정적인 생활을 꿈꾸곤 했다. 나에게 주어진 업무만 성실하게 잘 해내면 회사에서 신임을 얻고, 성장하고, 큰돈도 벌 수 있었다. 그에 비해 창업은 어려운 길을 가는 가시덩굴 같은 일이었다.

하지만 인터넷의 발달로 네이버에서 스마트 스토어를 개설하여 뭐라도 올려 놓으면 팔리는 시대가 되었다. 가게를 차릴 필요도 없이 온라인 스토어를 이용하면 되고, 상품을 만들기 어렵다면 대면 한 번 없이 좋은 제품을 해외에서 소싱할 수 있다. 얼마나 창업하기 좋은 세상인가? 정보를 공유하는 일이 과거와는 비교할 수 없이 빨라지면서 창업의 기회를 찾아 떠나는 젊은 도전자들이 늘어났다. 그들의 작은 승리들은 창업의 시대를 열었다.

이들이 처음 창업할 당시 고민은 바로 마케팅과 홍보였다. 가게와 상품까지 준비된 상태에서 없었던 것이 바로 홍보였기 때문이다. 하지만 인터넷의 발달은 홍보의 영역까지도 쉽게 바꿔버렸다. 블로그, 카페 등 다양한 온라인 마케팅 방법이 생겨났고, 먼저 도전했던 사람들은 그 홍보의 힘을 톡톡히 보며 자신들의 브랜드를 손쉽게 키웠다.

홍보 한 번 하기도 어려웠던 세상은 끝났다

이제 개인도 인스타그램의 메타 광고를 개인 카드로 진행하며 광고까지 너무 손쉬워진 세상에 살게 되었다. 예전에는 일부 업체가 했었는데 이제는 인스타그램 DM으로도 광고 제안이 수십 건씩 온다. 네이버 스마트 스토어나 플레이스를 오픈하면 어떻게 알고 '사장님, 월에 얼마면 이렇게 노출되고 저렇게 상위노출 된다'는 전화가 수십 통이 온다.

이미 매장을 열기도, 상품을 만들기도, 홍보하고 알리기에도 너무 쉬워진 세상에서 그다음 경쟁력이 무엇일까? 이 고민은 정체성을 명확하게 만들고 전개하는 브랜딩이란 키워드로 귀결되었다. 자영업자가 많아지면서 과거에는 몇 개 없던 브랜드들이 무수하게 쏟아지고 홍보할 수 있는 수단도 너무 많아진 지금, 브랜딩의 시대가 시작된 것이다.

브랜딩은 기술이 아니라
방향성이다

브랜딩은 무엇일까? 단어를 살펴보자. Branding! Brand+ing. 브랜드에 'ing'가 붙은 것이 바로 브랜딩이다. ing가 붙어서 생기는 의미는 누구나 알 것이다. 바로 현재 진행형이다. 즉 브랜딩은 브랜드의 현재 진행형이라고 말할 수 있다. 브랜드를 '나'로 치환하여 말한다면 내가 살고 있는 지금 그리고 살아가는 과정을 브랜딩이라 말할 수 있다.

'아니, 무슨 인생이 그럼 브랜딩이냐?'라고 생각할 수도 있다. 정확하게 맞췄다. 브랜딩은 브랜드의 인생을 말한다. 우리는 모두 인생을 풍요롭고 멋지게 살기 위해 계획하고, 실행하고, 성공하고, 실패한다. 똑같이 하나의 브랜드도 그 브랜드의 인생이 있고 계획도, 실행도, 성공도, 실패도 경험하며 나아간다. 그 모든 과정이 인생이고 브랜드에게는 브랜딩이다. 결국 브랜드가 탄생하는 시점부터 사라지는 순간까지의 모든 스토리가 바로 '브랜드의 인생'이자 다른 말로 브랜딩인 것이다.

갑자기 브랜드의 인생이라고 들으면 조금은 모호하고 어려울 수 있다. 그리고 이미 결론이 나온 것처럼 느껴질 수도 있다. 그렇기 때문에 'ing'가 더욱 중요하고, 지금의 순간과 앞으로의 모습 모두가 브랜딩이라고 말할 수 있다. 다시 말해서 브랜딩은 결국 브랜드의 '방향성'과 '과정'이라고 정의할 수 있다.

중요한 것은 ing

우리 모두 각자의 정체성을 갖고 살아간다. 그 정체성에 맞춰 삶의 방향성을 정하고, 길을 걷고, 실천한다. 이와 마찬가지로 브랜드도 정체성을 명확히 하고, 그것을 지켜서 목적지를 설정하고 나아간다면 그 모든 과정과 방향이야말로 브랜딩이다.

나이키라는 브랜드를 예로 이야기해 보자. 나이키 이름의 의미는 승리의 여신 니케에서 출발했다. 그렇다면 나이키 브랜드의 정체성은 무엇일까? 당연히 '승리'일 것이다. 나이키의 브랜드 정체성이 승리로 정해진 상황에서 사람들은 나이키를 결국 올림픽 같은 경기의 승리만을 위한 퍼포먼스 브랜드로 인식하기 쉽다. 그런데 나이키는 이런 인식을 "JUST DO IT"이라는 슬로건을 사용한 브랜딩을 통해 완벽하게 방향성을 바로잡는다.

"JUST DO IT"의 탄생 이후 광고를 보면 팔다리가 없는 운동선수들이 경기를 뛰고, 어린아이가 아파트 2~3층 높이의 수영장 점프대에서 망설이다가 결국 용기를 내어 다이빙하는 모습이 나온다. 이것이 도대체 승리와 무슨 연관이 있을까 싶겠지만 그 의미는 나이키의 창립자 중 한 명인 '빌 바우먼'의 이야기에서 실마리를 찾을 수 있다.

브랜드가 살아가는 과정 자체를 브랜딩이라고 부른다

빌 바우먼은 "나이키는 모든 선수들의 도전과 승리를 응원하고 지원하는 브랜드입니다. 그리고 여기서 선수는 육체와 정신을 지닌 모든 사람을 말합니다."라고 했다. 즉 나이키가 후원하고 응원하는 선수들은 바로 사람 그 자체이고 브랜드의 정체성인 '승리'는 단순한 경기에서의 승리가 아닌 자신의 도전 그리고 인생에서의 승리를 말하는 것이다.

이렇게 승리라는 정체성을 '도전을 통한 인생에서의 승리'로 방향성을 잡아주는 순간, 나이키란 브랜드는 단순하게 경기에서 승리하는 선수들만의 브랜드가 아니다. 인생 첫 다이빙 도전을 위해 점프대에서 뛸 수 있을지 고민하던 어린아이부터 다리가 없는 육상선수나 휠체어를 탄 농구선수까지 모든 사람이 나이키의 고객이자 선수가 될 수 있다. 그리고 "JUST DO IT"을 사용한 지 30년이 지난 지금도 나이키는 일관된 목소리로 꾸준히 그들을 후원하며 응원하고 있다.

브랜딩과 마케팅의
차이점

브랜딩을 주제로 한 개인 자문이나 강연을 다니다 보면 브랜딩은 마케팅팀에서 하는 분야 또는 컬처팀이나 따로 팀이 있어서 진행되는 기술이나 퍼포먼스로 생각하는 사람들이 많은데 이렇게 생각하면 매우 위험하다.

물론 나의 이야기가 절대적인 정답은 아니다. 하지만 납득할 만한 근거는 있다. 다시 앞의 이야기로 돌아가 보자. 브랜드는 '나', 브랜딩은 '방향성'이라고 했다. 그렇다면 마케팅은 무엇일까? 마케팅은 바로 '수단'이다. 나(브랜드)가 정체성을 정하고, 그 정체성에 의거해 방향성(브랜딩)을 설정했을 때 그 방향은 무조건 목적지를 갖게 된다.

목적지가 정해졌다면 목적지를 향해 달려가야 한다. 누군가는 "왜 달려가? 차 타고 가면 되지!" "뭐? 차? 난 비행기 타고 갈래!"라고 말할 것이다. 목적지에 가는 방법과 수단은 매우 다양하다. 그리고 이 수단이 결국 '마케팅'이다. 정리하자면 내 브랜드의 방향성과 목적지를 가기 위한 최단거리 수단! 그것이 바로 마케팅이다.

마케팅은 매출을 만들어내기 위한 수단

보통 마케팅은 왜 하는가? 아마도 내 서비스나 제품을 빠르게 알려서 높은 매출을 달성하기 위함이다. 그러기 위해 마케팅 안에 홍보를 활용해 브랜드를 알리고 그로스 마케팅과 퍼포먼스 마케팅을 통해 효율적인 매출을 만들려고 한다.

그런데 높은 매출을 기록한 뒤 고객이 다시 내 제품이나 서비스를 찾아주지 않는다면 어떻게 될까? 그게 과연 성공한 마케팅일까? 맞다. 나는 성공했다고 생각한다. 왜냐하면 마케팅은 당장의 매출을 만들기 위한 수단이지 다음 매출을 만들기 위한 전략은 아니기 때문이다. (물론 CRM처럼 고객을 확보하고 유지하는 마케팅도 있다.)

재구매와 브랜드에 대한 공감을 만들어내는 과정은 마케팅보다 브랜딩이라 말할 수 있다. 브랜딩을 통해 내 서비스나 제품을 판매할 때 조금이라도 빠르게 판매가 일어나고, 조금 더 많은 사람이 알 수 있게 하는 수단이 마케팅이다.

'재구매가 일어나려면 상품이 좋아야 하는 거 아냐?'라고 생각할 수 있다. 당신의 생각이 맞다! 상품을 더욱 견고히 하는 것도 브랜딩의 하나다. 그리고 그 제품을 소비자가 만나서 경험하는 순간마저도 브랜딩이다.

다시 말하면, 우리의 인생이 결과만 있는 것이 아니라 다양한 순간들과 서사가 있듯이 한 브랜드 안에도 이야기가 있다. 제품의 기획부터 설계, 출시, 개선, 단종까지 이 모든 브랜드의 서사가 브랜딩이다. 그 서사 속에서 조금이라도 빠른 결과를 만들기 위한 수단이 마케팅이다.

물론 마케팅이 잘 되면 당장의 매출은 만들 수 있다. 하지만 그렇게 금방 흥했다가 사라진 브랜드를 많이 봤을 것이다. 그 이유가 바로 홍보와 마케팅은 너무 잘했을지 모르겠지만 브랜딩이 탄탄하지 않았고, 중시하지도 않았기 때문에 결국 소비자들에게 잊힌 것이다.

많은 브랜드가 브랜딩의 중요성을 간과하고 있다. 브랜딩은 방향성이고 이 방향으로 빨리 가기 위한 수단이 마케팅이라는 인식으로 앞으로 마케팅과 브랜딩을 정의하고 브랜드에 접목해보길 바란다.

바람이 불 때까지 기다리지 말자

브랜딩과 마케팅을 다른 사례로 한 번 더 설명하고 싶다. 이번에는 브랜드를 '배'라고 설정해보자. 브랜딩은 방향성이니 '나침반' 정도가 될 것이다. 이에 더해 브랜딩을 '나침반+지도'라고 해보자. 그렇다면 마케팅은 무엇일까? 방향으로 가기 위한 수단이니 '돛'이라고 말할 수 있다.

이때! 아주 중요한 포인트가 나온다. 돛이 목적한 방향으로 나아가기 위해서는 무엇이 필요할까? 바로 '바람'이다. 그렇다면 바람은 무엇일까? 바람은 곧 '트렌드'다. 내가 운영하는 브랜딩에 관련된 오픈 채팅방에서 한 분이 이야기 주신 내용이다. 이 부분이 정말 인상적이었고, 중요한 사항이 있어 꺼내게 되었다.

나는 트렌드 즉 바람에 집중해 이야기하고 싶다. 바람이 항상 내가 나아가고자 하는 방향으로 불면 좋겠지만 그런 경우는 정말 드물 것이다. 그렇다면 그 바람이 순풍이 될 때까지 출발을 안 하고 기다리는 게 답일까? 나라면 역풍을 돛으로 어떻게 잡아탈지를 고민하고 그것을 통해 더 나아갈 방법을 생각할 것이다.

혹시 나랑 같은 바람을 기다리던 다른 경쟁자들이 있다고 했을 때, 역풍이라는 똑같은 고난의 상황에서 내가 잘만 잡아탄다면 난 그들보다 훨씬 먼저 앞서나갈 수 있기 때문이다. 방법을 찾으면 얼마든지 길이 나온다. 말도 안 되는 마케팅으로 이슈가 되며 갑자기 역주행하는 브랜드들을 본 적이 있을 것이다. 난 이들이 그 역풍을 잘 잡아탄 좋은 사례가 아닐까 생각한다.

요즘 '올드머니룩'이라는 트렌드가 떠오르고 있다. 과거에는 엄마, 아빠의 구닥다리 명품으로 여겨졌던 제품과 스타일이 다시금 트렌드로 주목받고 있다. 이처럼 바람 즉 트렌드는 언제 바뀌고 어디로 갈지 모른다. 하지만 그때마다 그 바람을 잘 잡아 돛을 활용한다면 더 빠르게 목적지로 나아갈 수 있다.

따라서 트렌드가 내가 가고 싶은 방향으로 불어줄 때까지 기다리기보단 마케팅이란 수단을 통해 내 쪽으로 어떻게 끌어올지를 고민한다면 분명 멋진 이야기들을 더 많이 만들어낼 수 있을 것이다.

"먹고살라고 하지, 뭐…"

주변 지인들에게 종종 왜 일하는지를 물어보면 대부분 씁쓸한 표정으로 대답한다. 물론 나 또한 그랬던 시절이 있었다. 그런데 종종 누군가는 엄청 행복한 표정으로 "너무 재밌어! 힘든데 즐거워!"라고 답한다. 그리고 그렇게 말하는 사람들의 표정을 볼 때면 하나같이 행복하게 웃고 있다. 하지만 아이러니하게도 그들의 눈동자는 매우 선명하고 또렷한데 이상하게 몰골이 퀭했다.

행복하다는 답변 뒤 그래서 어제 몇 시간 잤냐고 물으면 내가 잔 시간의 1/3도 자지 못한 경우가 다반사였다. 처음에는 그들의 그런 모습이 너무 신기했다. 난 5시간 이하로 자면 너무 피곤하고 일어나기가 힘든데 이들은 어떻게 매일 2~3시간만 자며 일하고 있을까? 그게 정말 가능할까? 설마 나한테 거짓말하는 것일까? 별별 생각들을 하며 그들의 에너지 근원을 찾으려 애썼다.

그러다 최근 그 비밀을 알게 되었다. 그들은 이게 일이 아닌 하나의 놀이이자 게임인 것이다. 반면에 난 일로만 했기에 그들처럼 즐길 수 없었던 것이었다. 이렇게 말하면 누군가는 "에이, 그거 네 사업이 아니어서 그렇지, 네 사업하면 너도 그들처럼 잠 못 자고 일해야 할걸?"이라고 말했다. 처음에는 일리가 있는 말 같았다. 그런데 이 말은 반은 맞고 반은 틀린 생각이다. 당연히 일이 많으면 책임감에 의해 잘 수 있는 시간이 줄겠지만 그보다 밤새워 일하게 만드는 원동력은 즐거움과 행복이다. 이런 행복은 순수하게 내 돈을 벌기 때문만은 아니라고 생각한다.

그리고 난 그런 행복을 GFFG 다닐 때 느껴봤다. 행사가 있다면 주말에도 나가서 동료들과 함께 전국 어디든 시장 조사와 부동산을 보러 다녔고 팝업 장소에 가서 같이 음식을 만들고 앞에서 전단지를 나눠줬다. 밤늦게까지 팀원들과 신나서 콜라보 제안서를 쓰고 회사의 앞날을 걱정하며 회사소개서와 매출 분석을 만들곤 했다.

이런다고 이번 달과 오늘 내가 버는 돈이 갑자기 커지진 않았다. 물론 매년 연봉은 상승했지만 그 연봉에 비례해 일하진 않았다. 정확한 노동과 가치의 비용을 산정하긴 어렵지만 당시 난 내 연봉의 곱절 이상을 회사에 쏟았다. 물론 나만 그런 건 아니다. 내 팀원들 모두 그리고 운영, 매장, R&D까지 모든 인원이 한마음 한뜻으로 자신을 갈아 넣었다. 그리고 우린 영광스럽고 멋진 이야기들을 함께 만들어갔다.

여기에 내가 왜 일하는지가 있다. 비록 GFFG를 떠난 지금 엄청난 돈을 번 것도 지분을 받은 것도 없지만 내가 GFFG에서 얻은 가장 큰 유산은 원 없이 내가 하고 싶은 것들을 하며 행복하고 열정적으로 일해 보았다는 것이다. 내가 기획한 것들이 기획대로 먹혀들어 가고 소비자들이 반응하고 즐거워할 때마다 내 팀원들 그리고 동료들과 축배를 들며 우리의 작은 성공에 심취해 다음 성공을 위한 도전을 서슴지 않았다. 그런 작은 성공과 도약들이 하나하나 모여 결국 큰 성과를 만들었다. 자신의 업에 있어 성공과 성과라는 가장 큰 행복감을 느껴본 나는 어쩌면 행운아인지 모른다.

이런 관점으로 다시 자신의 일이 행복하단 친구들과 먹고살려고 한다는 친구들의 모습을 보면 분명한 차이를 알 수 있다. 하고 싶은 것을 원 없이 하며 그 안에서 성과를 만들어가고 있는가? 아니면 주어진 일들만 하고 있는가? 당신은 지금 어떻게 일하고 있는가?

마지막으로 한 가지 더 중요한 것이 있다! 좋아하기만 하는 것이 아니라 정말 잘해야 한다. 게임을 좋아하는데 매번 게임에서 진다면 그 게임도 언젠가는 즐거움이 없어지기 마련이다. 지속적으로 좋아하려면 잘해야 하고 잘하기 위해서는 그만큼 시간을 쏟아야 한다.

그리고 잘하기 위해서는 물리적 시간이 절대적으로 들어가야 하는 경우가 많다. 아쉽지만 우리에게 주어진 시간은 모두가 공평하다. 그렇다면 어떻게 남들보다 더 앞설 수 있을까? 답은 간단하다. 남들이 일에 집중하지 않는 시간에도 난 계속 파고들고 고민하고 만들어야 한다.

그러기 위해서는 우선 일의 관점부터 바꿔야 한다. 어떤 일이든 일을 일로 보면 지루하고 1초도 하기 싫은 정말 '일'이다. 하지만 관점을 바꾸고 나의 발전을 위한 자기 계발처럼 생각하고 그것을 참으로 좋아한다면 더 지속할 수 있다. 비록 하루 10분이나 1시간 정도밖에 안 되는 차이지만 몇 년이 축적되면 엄청난 시간이 된다. 그리고 이 시간들은 결국 나에게 큰 무기가 될 것이다.

'매일 몇 시간을, 몇 년을 해야지' 하면 시작부터 숨이 막힌다. 오늘 일에 체크리스트를 만들고 '이것들만큼은 오늘 다해야지! 아니 요것만큼은 꼭 끝내고 퇴근하자!' 이렇게 하루의 작은 목표들을 설정하고 매일매일 게임 속 작은 미션들을 클리어해 나가듯 수행해 보자. 언젠가 더욱 성장한 내 모습과 내 일을 즐기고 있는 모습을 보게 될 것이다. 그리고 그런 작은 성과에 행복해하고 내 일을 단순하게 좋아하는 것을 넘어 잘하는 만족감이 여러분들이 일을 하는 이유가 되길 바란다.

2부

나의 브랜딩 원칙

1장
브랜드의 가치를 찾아
전달했는가

노티드는 왜 도넛을
선택했을까

압구정 로데오 주변에 유명한 패션브랜드 마케터로 일하는 지인의 한마디가 큰 상처가 된 적이 있었다. 뜬금없이 그 친구가 "오빠! 노티드 정말 좋아. 6시 이후 가면 미팅하기에 너무 조용하고 쾌적한데 심지어 디저트에 음료도 맛있어서 나 엄청 자주 가!"라고 말을 건넨 것이다. 그녀의 말이 상처였던 건 당시 너무나도 맞는 말이었기 때문이다. 리틀넥은 뾰족한 메뉴, 메뉴의 특성을 극대화한 맛, 그 이상의 서비스가 3박자를 맞추며 조금의 홍보에도 파급효과가 매우 크게 돌아왔다. 그런데 노티드는 이런 게 없었던 시점이었다. 쁘띠케이크들이 주력으로 있었지만 어딜 가든 만날 수 있는 케이

크였으며 심지어 사이즈 대비 비싸게 인식되는 상황이었다.

게다가 지금도 그렇지만 도산공원 앞은 밤이 되면 다른 골목에 비해 유독 어두웠고 사람의 발길이 금방 끊긴다. 조용한 매장에서 미팅을 하기에는 더할 나위 없이 훌륭하긴 하다. 아마도 그 친구는 놀리려는 의미보단 정말 노티드를 칭찬하고 싶었던 것 같다. 하지만 우리 속은 몰랐으니 그러지 않았을까? 난 미팅하기 좋은 카페로 노티드가 꼽히는 게 싫었고 당시에는 같이 웃으며 이야기했지만 사무실로 돌아가는 길에 뭔가 씁쓸함이 남았다.

그렇다고 장사가 안된 건 아니었다. 매번 피크 시간에는 자리가 없을 정도로 만석이었지만 영업이 종료되고 나면 매출은 기대보다 형편없었다. 아니 솔직히 적지 않은 매출이었지만 도산공원 앞 임대료와 인건비, 재료비를 내고 나면 남는 돈이 없었다. 그렇다고 디저트나 음료가 별로였는가? 내 기준에서는 그렇진 않았다. 그러나 소비자들의 공감을 얻지 못했고 음식을 즐기기 위해 오는 카페라는 인식보다는 티타임을 하고 대화를 하기 위해 오는 카페의 이미지가 강했던 것 같다.

당시 지금처럼 카페를 줄 서서 기다리는 분위기는 거의 없었으며 음식점들 앞에 줄은 서도 카페는 적당한 곳에 가서 자리가 없으면 다른 곳으로 옮기는 대체제가 많은 장소였다. 음식점에서 줄을 서서 먹고 난 뒤 카페까지 줄 서서 기다리고 싶은 고객은 별로 없었을 것이다.

고객의 손에 뭐라도 쥐어서 보낼 수 있다면

시간이 흐를수록 해결은 되지 않고 매출은 제자리걸음을 하고 있었다. 그래서 고민한 전략은 임대료가 비교적 저렴한 지하나 2~3층으로 매장을 옮기는 것이었다. 압구정 로데오 안에 있는 다양한 부동산을 돌아다니며 퀴퀴한 지하의 몸이 안 좋을 것 같은 공기를 마시며 찾아다녔다. 그러나 그런 공간들에서 노티드가 연상되거나 떠오르지 않았다.

그러던 중 이 문제에 대한 해결의 실마리는 전혀 다른 곳에서 싹트고 있었다. 언제였던가? 미팅 때문에 노티드 매장 테이블에서 대표와 앉아 이야기를 하는 중에 여러 손님이 문을 열고 들어왔다가 자리가 없는 것을 보고 돌아가는 것을 몇 팀 본 적이 있었다. 첫 번째로 우린 우리가 여기서 미팅을 안 했으면 저들이 앉아 매출에 도움이 되었을 것이란 생각이 들었고 두 번째로는 저렇게 돌아가는 손님들을 어떻게 하면 기다리게 만들 수 있을지를 고민했다. 그러다 대표의 입에서 돌아가더라도 뭐라도 쥐어서 보냈으면 좋겠단 말이 나왔다!

맞다! 아니 꼭 매장에서 먹이야 하나? 뭐라도 구매해서 들고 가면 그 또한 매출이 아니던가? 고객들은 우리 매장을 대화하기 좋은 쾌적한 카페 정도로 여겼고 그것을 벗어나야겠다며 고민했었는데 왜 우린 진작 이 생각을 못했던가!! 먹다 남든 아니면 맛있어서 집에 갈 때 하나 더 포장하든, 테이크아웃을 서비스가 아닌 목적으로 만들어보면 어떨까? 그 고민에서 노티드의 테이크아웃 메뉴 개발이 시작되었다.

처음에는 유명하다는 테이크아웃 메뉴들을 찾아 연희동에 먹으러도 가 보고 여기저기 많이 다녔다. 그리고 양갱도 만들어보고 츄러스도 만들어보고 별별 것들을 만들고 기획하며 어떤 메뉴가 노티드의 차세대 무기로 떠오를지 고민했다.

그러다 도달한 도착지가 바로 도넛이다. 다운타우너는 미국식 햄버거를 판매하고 리틀넥은 미국식 백반(가정식)을 표방한다. 그렇다면 우리 회사의 정체성을 가장 잘 보여줄 수 있는 것은 '미국식'이 아닐까? 그럼 가장 미국스러운 디저트는 무엇일까? 베이글? 도넛? 여러 가지를 고민하던 중 먹고 바로 행복을 느낄 수 있는 것은 단맛이 강조된 도넛이라는 결론에 이르렀고 그때부터 도넛을 테스팅하기 시작했다.

처음 대표와 난 길티한 스타일에 글라이즈 도넛이나 엄청 단 도넛을 상상했다. 그러나 당시 노티드 총괄 셰프의 손에서는 그런 도넛이 나오지 않았고 생각보다 아담하고 생각보다 덜 단 도넛만 만들어지는 것이다. 이것 때문에 처음에는 개발에서 서로 의견충돌이 많았다. 나와 대표는 더 달고 크고 죄스러울 정도의 미국적인 도넛을 개발해달라 말했고 셰프는 한치의 물러섬 없이 지금의 것이 사람들이 더 좋아할 스타일이라고 강조했다.

그렇게 계속 먹다 보니 셰프의 말이 조금씩 설득력 있게 들리기 시작했다. 원래 던킨이나 크리스피 도넛을 하나도 못 먹던 내가 노티드 도넛은 2개까지 먹을 수가 있었으며 그 이유가 무엇일까 생각해보니 적당한 사이즈와 적당히 단맛 덕분에 생각보다 많이 먹을 수 있었던 것이다. 거기에 조금은 양보해 셰프의 도넛을 차용하고 우리 스타일의 크림들을 개발할 것을 요청해 가짓수를 늘려놓고 보니 하나하나 맛있고 적당히 작아 하나만이 아닌 여러 개를 먹을 수 있는 도넛이 완성되었다.

그리고 그것을 담을 박스를 제작하게 되었다. 당시 대표의 아내가 육아를 하며 집에서 디자인했다. 첫째 아이가 가장 좋아하던 노란색을 바탕으로 매장이 힘들어 우울하던 우리와 이걸 먹는 사람들에게 행복을 주고 싶다는 모두의 마음을 담아 행복을 담은 박스를 주제로 디자인했다. 행복을 떠올리게 하는 모습 중 웃는 얼굴에 입가의 크림을 혀로 핥아 먹는 형태의 이미지를 만들었다. 당시에는 이것을 대단한 로고화하려 만든 게 아니었다. 박스에 메시지를 어떻게 하면 더 효과적으로 담을 수 있을까 고민하다가 고안한 이미지인데 훗날 노티드의 시그니처 로고인 스마일 로고로 자리 잡게 되었다.

자신감을 넘어 확신으로 가는 길

이제 슬슬 준비가 완료되었을 때쯤 대표 가족의 미국 출장이 잡혔다. 사실 가족여행에 가까웠지만 목적이 하나 있었다. 그것은 경쟁 브랜드와의 맛 비교였다. 하와이에 레오나즈 도넛이 방송이나 인터넷으로 워낙 유명했다. 미국에 다양한 도넛 브랜드들이 있었고 만약 우리가 처음에 생각했던 글라이즈 도넛이 나왔다면 시장 조사로 다른 브랜드에 갔을지 모른다. 그런데 셰프가 만든 도넛은 크림이 들어간 형태의 볼 도넛이었으며 그와 비교해볼 만한 대상이 당시 하와이에 레오나즈 도넛 말곤 딱히 떠오르는 게 없었고 하와이로 떠날 여행계획도 있으니 '간 김에 비교나 해보자'였다.

그렇게 대표는 미국으로 떠났고 며칠 뒤 밤늦게 카카오톡 보이스톡이 왔다. 그리고 전화를 받는 순간 "준아! 됐어! 우리가 더 맛있다! 우리가 이길 수 있어!" 하는 대표의 목소리가 들렸다. 그리고 왜 우리가 더 맛있는지에 대해 바로 나왔을 때의 맛과 몇 시간 두고 먹었을 때의 맛 그리고 안에 들어간 재료들의 차이까지 말했다. 무수한 근거들을 만들어내며 우리가 더 잘할 수 있다는 이야기를 서로 나누곤 전화를 끊었다. 그리고 그가 미국에서 돌아오고 그 다음 주 바로 '노티드 도넛'이 드디어 런칭을 하였다.

미국에서 먹고 와 그때부터 만들었다고 오해하는 사람들이 있는데 당시 이미 박스는 제작 업체에 넘겨 제작 중이었으며 사실상 새로운 도전에 대한 두려움에 잘하고 있는 것인지, 맞는 방향인지 확인받고 싶었던 것 같다. 이미 엎질러진 물이지만 그래도 안심할 수 있도록 말이다. 그리고 그

2부 나의 브랜딩 원칙

경험은 안도를 넘어 확신으로 다가왔고 우린 자신감을 갖고 드디어 출시를 하게 된 것이다.

처음 노티드 도넛은 8개 정도의 맛과 6개가 들어가는 하나의 박스로 출시를 하였고 당연히 처음부터 인기가 좋진 않았다. 그리고 이때부터는 나의 몫이 더 중요해지는 시점이었다. 메시지를 담았고 셰프가 정말 맛있는 음식을 만들었으며 직접 미국까지 가 검증을 하였다. 이제 홍보 말고는 다른 전략도 없다. 그렇게 행복을 담은 노티드 박스와 도넛이 등장하였고 난 그 행복을 어떻게 전달하면 좋을지 고민을 하게 되었다.

브랜드의 콘셉트를
전달하는 방법

당신은 언제 가장 행복한가? 내가 했던 가장 성공적인 브랜딩의 전략과 방식은 이 고민에서 출발하였다. 행복을 전하는 박스로 '노티드 박스'를 만들고 나서부터 나의 브랜딩과 마케팅 방법이 매우 중요해졌다. 아무리 우리가 엄청난 정성과 애정을 넣어 만든 도넛과 박스라 할지라도 단순하게 "행복을 사가세요!" 한들 과연 누가 공감하고 이 박스를 살까? 어떻게 하면 디저트와 박스에 담은 행복이라는 마음을 고객들에게 전달할 수 있을지 고민을 계속해서 하던 나는 그럼 스스로 내가 행복할 때가 언제일까를 떠올리게 되었다.

그러다 떠오른 것이 바로! '크리스마스'이다. 크리스마스는 회사원들에게는 빨간 날로 놀 수 있는 날이고 누군가에게는 대목으로 매출이 많이 올라가는 감사한 날이다. 포근하고 따뜻하고 풍요로운 분위기랄까? 크리스마스는 왠지 모를 힘을 갖고 있는 느낌이었다. 왜 크리스마스가 행복한지를 꼬리에 꼬리를 물고 생각한 끝에 떠오른 것은 결국 '선물'이었다. 크리스마스는 내 생일을 제외하고 우리가 어릴 때 선물을 한 번 더 받을 수 있는 날이었으니까.

'내가 선물에서 느꼈던 행복을 노티드 박스를 받는 사람들이나 주는 사람들이 느끼면 어떨까?'라는 생각으로 이어졌고 그때부터 노티드 박스에 선물이라는 인식을 만들어주기 위해 많이 노력했다.

노티드 박스의 비밀

그때 내가 실행했던 전략 아닌 전략이 바로 '2박스'였다. 나름 홍보대행사에 패션회사를 거치고 인플루언서라긴 부끄럽지만 다양한 브랜드에서 선물과 마케팅 요청도 받아본 나는 뭔가 야박하게 주는 브랜드들이 그렇게 달갑지 않았다. 예를 들어 먹는 것을 줄 때 1개만 주면 그것을 촬영하다 실패하는 경우가 생겨서 만족스럽지 않은 사진을 사용해야 할 때도 있다.

왠지 모르게 조심스러워진다고 해야 하나? 혹은 택배비나 퀵비는 본인 부담이라든지 무슨 키워드에 무슨 앵글에 글은 이렇게 써야 하며 등등 이런 가이드가 어마어마하게 타이트한 요청들은 열심히 하고 싶은 사기 자체를 꺾고, 그냥 빨리 끝내버리자는 결론으로 되곤 한다. 이런 불편과 고민을 부탁을 하는 사람의 입장과 부탁을 받아본 사람의 입장을 다 경험해본 것은 나에게 큰 도움이 되었다.

만약 도넛을 1박스 주며 "해시태그는 이렇게 쓰고 도넛 맛은 각각 다 어떻고 첫 장은 박스, 두 번째부터는 도넛 맛별로 올려주세요."라고 했다면 선물 받은 사람들이 과연 이걸 선물로 느꼈을까? '고작 도넛 몇 개 주면서 엄청 부려 먹네?' 할 가능성이 크다. 그렇다면 내가 생각한 선물을 받는 행복과 주는 행복을 어떻게 전하면 좋을까? 음식이라는 가벼운 선물은 이런 고민을 더욱 심플하게 만들어주었다.

선물을 줄 때 포스팅을 부탁하지도 않았으며 가이드조차 없었다. 그냥 의미 그대로 선물로서 맛있게 즐기고 행복하고, 아쉬운 점이 있다면 우리에게 알려달라 정도였으며 정말 마음에 들면 SNS에도 자유롭게 올리라고 했다. 그리고 가장 핵심은 2박스씩 선물했다는 것이었다. 물론 처음에는 종종 2박스를 못 챙긴 날들도 많았다. 그런데 2박스를 되도록 챙겨주려 했던 이유는 이랬다.

먹는 도넛이 아니라 선물로 기억할 수 있도록

우선 첫 번째 박스는 내 초대로 온 그 사람을 위한 선물이고 남은 한 박스는 오늘 집으로 가든 아니면 오후에 친구나 연인을 만나든 다른 사람에게도 선물해주란 의미였다. 결국 처음에 2박스를 받는 사람은 받는 기쁨과 주는 기쁨을 모두 누리게 된다. 선물이라는 것은 받는 기쁨도 있지만 주는 기쁨도 엄청나다. 그 순간, 브랜드에 대한 이해와 목적이 단순히 도넛을 먹고 싶어 소비하는 브랜드가 아닌 집들이나 연인을 위한 작은 선물 또는 친구의 생일이나 축하하는 자리에 들고 갈 부담스럽지 않은 선물로서 포지셔닝하게 된다.

그리고 내가 선물 준 친구에게 선물 받은 또 다른 사람은 이 도넛을 홍보해야 하는 일말의 부담이 아닌 정말 아무 연관 없이 친구에게 받은 고마운 선물이 된다. 그래서 처음에는 내가 선물한 지인이나 인플루언서보다 그들이 선물한 사람들의 태그나 글들이 더 많이 올라왔다. 이런 점은 내 전략이 잘 맞아 들어가고 있단 증거이기도 했다. 결국 이런 전략은 예상치 못한 성공으로 돌아왔다.

자신을 위한 소비에 대한 객단가와 선물로 치환해 환산되는 객단가의 수준과 범위가 엄청나게 달라지는 것이다. 실제로 노티드가 어느 정도 유명해진 다음부터는 노티드 청담의 경우 주에 1회 정도는 오픈과 동시에 혹은 사전 단체 예약으로 100박스를 주문하는 사람도 많았다.

행복은 나눌수록 커지니까

선물의 포만감은 먹는 포만감과는 다른 포만감을 선사한다. 마음에서 우러난 선물을 해본 사람이라면 너무나도 공감할 것이다. 먹는 포만감은 더 이상 먹고 싶지 않고 한동안 경험하지 않아도 되는 결과를 만든다. 반면에 선물해주는 포만감은 상대가 선물을 받고 기뻐하는 모습을 보며 만족감과 함께 더 많은 것들을 선물해주고 싶은 마음으로 연결되며 먹고 질린 도넛이 아닌 계속 사람들에게 주고 싶은 선물로서 기억된다.

그리고 그 선물을 사기 위해 기다리는 시간은 어떤가? 보통 맛집이라 1시간 이상 기다린 경험이 있다면 40분이 넘어가는 순간부턴 슬슬 짜증이 올라오며 기대감보단 얼마나 맛있는지 내가 한번 평가해 보겠다며 더욱 냉정하게 음식을 대하는 경우가 많다. 반면 선물의 경우 거의 당일에 선물할 경우가 많기에 기다린 게 아깝기도 하고 대체할 계획도 없기에 받을 사람의 행복만을 기대하며 1시간을 넘게 기다려서 받는다. 그리고 이것에 대한 보상은 결국 선물 받는 사람에게 전달해 주었을 때 상대의 행복한 표정과 말에서 받으며 냉정한 평가가 아닌 좋은 추억과 기억으로 자리 잡게 된다. 나는 사석에서 만난 기자님과의 대화에서 내가 전달한 행복이 통했음을 확신했다.

"아, 그 노티드 기획하신 분이셨어요? 당신 덕분에 제가 몇 달 전에 하루 동안 도넛을 5박스나 선물 받아서 '아니, 이게 뭔데 이렇게 주는 거야?' 하고 찾아 보니 생각보다 유명해서 매거진에도 소개했었잖아요!!"

"그러셨어요? 그럼 5박스 다 어떻게 하셨어요?"

"한 박스는 집에 들고 가고 남은 건 사무실에 두었더니, 다음 날 오니까 다른 기자들이랑 후배들이 자기들 챙겨준 간식인 줄 알고 엄청 맛있게 먹으면서 저한테 '여기 요즘 엄청 유명한 곳인데 선배 어떻게 구했어요? 너무 잘 먹었습니다' 하더라고요!! 그러려고 둔 건 아닌데 덕분에 저도 한번 으쓱하고 기분 좋더라고요~"

대화를 나눈 순간 온몸에 전율이 일었다. 트렌디한 사람들을 공략해 그들이 소비하는 문화로 만들자! 그리고 선물이라는 키워드로 포지셔닝해 단순히 먹는 즐거움 말고 나누는 즐거움을 만들어보자! 이 모든 나의 목표가 기자님의 이야기에 다 담겨 있으며 결국 궁금해 찾아보고 기사까지 써줬다는 그의 말에 세상을 다 가진 것만 같았다.

이렇듯 소비자들에게 어떻게 인식되고, 어떤 경험을 만들어줘서 그 경험 안에서 내 상품이나 서비스가 특별한 만족과 추억을 만들어줄 수만 있다면 정말 좋은 결과를 이룰 수 있다. 난 그것을 선물이라는 키워드와 방식을 통해 행복을 전달하고자 노력했다.

2부 나의 브랜딩 원칙

Brand + ing

2장
고객경험이
공감을 일으키는가

레인리포트,
향기로 기억을 낚아채다

나는 준비 기간이 한 달밖에 남지 않은, 두 개의 매장 오프 닝 파티를 담당하게 된 적이 있다. GFFG 이후 '글로우서울' 이라는 공간 브랜딩 컨설팅 회사로 들어가 받은 첫 번째 미션으로, 경리단에 새롭게 오픈하는 호우주의보(레인리포트) 와 살라댕앰버시라는 두 개의 매장 오프닝 파티를 기획하는 것이었다. 짧은 기간 동안 우선 난 그 브랜드들의 탄생과 정체성을 먼저 이해할 필요가 있었다.

처음 호우주의보는 습도에 의해 커피가 더 맛있다는 이유와 경리단길 프로젝트들이 남산대학교라는 프로젝트들에 연결되어 대학교 학과 중 기상학과라는 주제로 호우주의보란 이름이 정해졌다고만 들었다. 그런데 이것만으론 브랜드의 히스토리나 정체성이 너무 매력적이지 않았다. 그래서 대표에게 호우주의보를 만들게 된 이유와 목적을 집요하게 묻기 시작했고 드디어 내가 원하던 알맹이를 찾을 수 있었다.

과거에 대표가 룸메이트와 함께 살았던 집은 창밖으로 지하철역이 보였다고 한다. 여느 날과 같은 아침, 대표는 그날이 연차여서 출근을 안 해도 되는 날이었고 창밖으로 엄청나게 비가 쏟아지고 있었다. 같이 살던 지인은 출근하지 않는 대표를 엄청나게 부러워하며 불편한 표정으로 출근길에 올랐다고 한다. 대표는 장대 같은 비로 일그러진 얼굴들이 섞인 출근길과 집 앞 지하철역을 바라보았다. 그는 가장 안락하고 거기에 뽀송하기까지 한 자신의 방에서 따뜻하게 내려 먹는 커피의 고소함을 느끼며 '오늘따라 커피가 왜 이렇게 맛있지?' 라고 생각했다. 바로 그 경험이 호우주의보의 숨겨진 창작 의도라는 것이다!

'그래, 이거다!'

난 이런 이야기를 토대로 파티와 소비 경험을 설계하기 시작했다. 우선 파티하면 DJ가 음악을 틀고 맛없는 케이터링에 정신없이 있다 인사만 하고 금방 나가는 그런 의미 없는 구성이 싫었다. 게다가 호우주의보라는 카페는 당시 45분

당 15분씩 비를 내리기 때문에 비를 보려면 무조건 1시간은 있어야 한 번 볼 수 있었다. 그런데 파티가 정신없고 얼굴만 비추는 식이라면 내리는 비는 고사하고 매장 자체도 경험하기 어렵기에 어떻게 하면 더 오래 상주하고 더 많이 경험할 수 있을까를 고민했다.

난 비 오는 날 친구들과 뭘 하는지를 생각하게 되었고 친구 집에서 영화를 보거나 비디오게임이나 카드게임을 하던 모습이 떠올라 바카라 게임을 파티에 세팅했다. 사실 '얼마나 참여하겠어?' 했지만 신기하게도 가장 인파가 많이 몰렸던 콘텐츠 중 하나였다.

그리고 어릴 때 하던 모래 뺏기 게임을 만들었다. 모래 속에 간 커피콩을 섞어 자기 쪽으로 모래를 끌어올 때마다 커피향이 물씬 나게 하였으며 살라댕과 호우주의보 두 곳에 타로카드를 배치했다. 그런데 같은 타로라면 두 곳을 모두 갈 의미가 없어지기에 호우주의보에서는 비가 그치고 맑게 갠 날씨에 착안해 '내 인생에 해 뜨는 날'이라는 의미로 성공운만 보게 했고 살라댕은 로맨틱한 무드가 있어 애정운만 보게 하며 두 곳을 모두 경험하도록 설계했다.

순간을 특별하게 만들어주는 경험

비 오는 날은 향조차 중요하다고 판단, 당시 TF 인원들이 생각한 향수 브랜드의 향 중 비 온 뒤 숲에서 나는 향을 선택해 손님들에게 선물로 드렸다. 더 나아가 입장 전 종이백에 그 향수를 뿌리고 맡게 해 우선 비가 온 뒤라는 연상을 만들어주고, 매장으로 들어가 아까 말한 바카라에서 딜러를 이기면 커피콩이 든 샤쉐를 선물로 줬다.

샤쉐를 종이백에 넣고 즐겁게 보낸 후 집으로 가서 자고 일어나면 그 종이백에서 향수와 커피의 향이 섞여서 비 오는 곳에서 즐기는 커피 향이 자연스럽게 난다. 그때 전날 또는 낮에 경험한 호우주의보의 인상을 한 번 더 떠올리게 만든 것이다. 이런 다양한 콘텐츠들을 다 경험하는 데에 정확히 120분 정도가 걸렸으면 최소 비 두 번에 운이 좋으면 세 번까지 볼 수 있는 충분한 시간이 되었고 비가 내리기 시작하면 모두가 넋을 잃고 창밖을 봤다.

그리고 여기에서 특별한 경험 설계가 빛을 발하기 시작했다. 원래는 모든 미션을 수행하면 주려고 만든 투명 장우산 굿즈를 활용해 비 올 때 인증샷을 남길 수 있게 해보면 어떨까 싶어 팀원에게 내 모습을 찍게 했다. 그것을 SNS에 바로 올리며 당일 방문하는 업계 사람들과 인플루언서 모두에게 포토존을 직간접적으로 알렸다. 그 후, 방문한 대부분의 사람들이 그곳에서 비가 올 때마다 우산을 들고 뛰어들어가 인증샷을 찍기 시작했으며 평소라면 피하고 싶은 비를 유일하게 기다리는 진풍경이 생겼다. 시간이 갈수록 더 많은 사람이 비를 맞는 인증샷을 남기기 위해 방문했으며 SNS에는 인증 후기들로 넘쳐났다.

매장 안에서 쾌적하게 앉아 여유롭게 커피를 즐기는 손님들에게는 창밖에 비가 내릴 때마다 우산을 들고 정신없이 뛰어드는 사람들의 모습을 보며 대표가 그날에 느낀 안락함을 간접적으로 체험할 수 있는 재미있는 경험이 되었다. 물론 창밖에 있는 사람들은 인증을 하려고 환하게 웃으며 포즈를 취했지만 창 안에서는 그냥 비 오는데 밖에서 우산을 쓴 사람들이고 자신의 안전함과 안락함은 더욱 편안한 즐거움으로 돌아온 것이다.

호우주의보를 통해 소비 경험의 중요성에 대한 생각을 견고히 굳혔다. 처음 노티드를 통해 선물이라는 경험으로 성공적인 결과를 만들었고, 이때 나의 경험과 소비자들의 경험이 얼마나 중요한지를 한 번 더 확인하고 배울 수 있었다. 이후 모든 전략과 방향은 나의 경험을 기반으로 그 좋았던 경험을 어떻게 소비자들에게 집중시키고 같은 경험을 설계해 줄지를 많이 고민했다. 또한 우리가 어릴 때 경험하고 추억하는 부분들을 브랜드의 경험에 녹이고자 노력했다.

추억은
늙지 않는다

혹시 이 책을 읽고 있는 당신이 지금 연애 중이라면 연인에게 사랑을 고백했거나 혹은 고백받았던 장소를 떠올려보라. 거의 대부분 단박에 떠오를 것이다. 특별한 경험을 통해 그 장소나 시간에 대한 인사이트가 내 머릿속으로 훨씬 강력하게 들어와서 더욱 선명하고 오래 기억할 수 있기 때문이다.

조금 더 풀어서 말하자면 사람의 기억은 컴퓨터의 메모리와 닮았다. 컴퓨터마다 사양이 다르듯이 누군가는 더 많이 기억할 수 있겠지만 시간이 지나면 일부 기억들은 자연스레 지워진다. 그리고 용량을 초과하면 새로운 기억을 받아들일 때 필연적으로 지워야 하는 기억도 발생할 것이다.

그런데 이런 기억이 PC랑은 다르게 우리 머릿속은 병렬이 아닌 직렬 구조이고 기억에 대한 순위가 분명히 존재한다. 그렇기에 프러포즈 장소 같은 공간은 기억에 남아도 열흘 전 회사에서 평범하게 먹은 점심이 무엇이었는지는 전혀 떠오르지 않는 것이다. 우리의 기억이 1부터 10까지 순서의 기억만 저장할 수 있다고 할 때 오늘 먹은 점심은 10번 순위에 위치할 가능성이 크다. 그래서 그보다 기억의 이유가 큰 무언가가 8번에 들어온다면 10번에 들어온 점심 기억은 11번이 될 것이고 11번에 가게 되면 지워질 가능성이 크다.

그렇다면 우린 이 기억을 만들 때 최대한 상위에 기억되게 만들어야 오래간다는 공식이 나오게 된다. 그리고 이것을 소비자들에게 어떤 장치를 통해 우리 매장과 서비스를 더 오래가는 상위 기억으로 만들 것인가로 연결해보자. 난 그런 장치가 바로 '고객경험'이라고 생각한다.

노티드 박스 또한 이 장치와 연결된다. 단순 소비가 아닌 선물로 받은 또는 선물로 준 특별한 무언가이기 때문에 기억에서도 더 깊게 오래 간직할 수 있는 장치들을 만들었다고 생각한다. 정리하자면 고객경험을 통해 각자의 기억에 더 깊게 자리매김할 수 있는 것이다.

경험을 대하는 태도가 브랜드를 대하는 태도다

과거 GFFG 재직 당시 지하철을 타고 집으로 귀가 중이었다. 운 좋게 자리가 생겨 앉았고 그 앞에 멀끔하게 수트를 차려 입은 채 회사를 퇴근하고 귀가 중인 남자분이 서서 핸드폰을 만지고 있었다. 그런데 그의 핸드폰 뒷면에 노티드 스티커가 붙어있는 것이 아닌가? 그때부터 혼자 이런저런 상상을 했다.

노티드가 남자들에게 인기가 있는 브랜드도 아니고 심지어 붙어있던 스티커는 노티드에서 무상으로 나눠주던 스마일 스티커였는데 가장 싼 재료로 만들어 뜯으면 지저분하게 이물질이 남는다. 심지어 코팅된 종이가 아니기에 이미 그의 핸드폰 뒤 엉성한 위치에 붙은 스티커는 까무잡잡하게 손때가 묻어 있었다. 그런데 저렇게 멀끔하게 차려입은 남자가 굳이 왜 노티드 무료 스티커를 자기의 핸드폰 뒤에 붙이고 있던 것일까? 혼자 다양한 상상을 하다 그 호기심은 그가 내 옆자리에 앉으며 풀리게 되었다.

내 옆자리에 앉은 그에게 전화가 왔고 받자마자 "응, 자기야. 나 퇴근해서 집에 가고 있어! 우리 공주님 좀 바꿔줄래요? OO야! 아빠야! 아빠 지금 집에 열심히 가고 있으니까 금방 만나요! 사랑해요!"라고 말하는 그의 모습에서 세상 그 누구보다 커다란 행복이 느껴졌다. 그리고 그 순간 그의 핸드폰 뒤에 스티커를 붙인 주인공이 누구인지 단박에 떠오르게 되었다.

그렇다면 그에게 노티드는 어떤 의미일까? 단순한 도넛집으로 기억했을까? 아마도 그가 결혼하지 않았다면 여자친구의 환심을 사기 위한 디저트 가게 정도로 접했거나 아니면 전혀 뭐 하는 곳인지 모를 가능성이 크다. 그런데 딸아이가 붙여준 스티커 하나에 노티드는 딸과의 유대를 만들어주는 특별한 공간이 되었다. 핸드폰이 지저분해져도 뜯지 않을 정도로 소중한 내 딸의 사랑과 아빠를 향한 애정이 된 것이다.

분명 스티커를 붙일 때 아이가 "아빠! 이거 절대 떼면 안 돼!" 하면서 자기가 아끼는 스티커를 붙여주지 않았을까? 이런 소비자 경험은 꼭 제품을 먹고 경험하는 것 말고도 그 브랜드와의 접근과 유대에 따라 정말 다양하게 만들어질 수 있다.

우리가 배포했던 무료 스티커도 사실은 매번 박스 부착 시 몇 개 더 달라는 고객들의 요청에 챙겨드리던 것이었다. '우리 스티커를 정말 좋아하는구나' '누군가의 랩탑이나 여행용 수트케이스에 붙겠지' 하며 드리던 것이 이렇게 다가오니 완전히 다른 관점으로 느껴졌다. 그리고 분명 그 남자에게 노티드는 8~10번 정도의 기억이 아닌 3~5번 사이에 아이가 어느 정도 커서 다른 추억을 만들기 전까지는 지속될 특별한 기억으로 남지 않을까 싶다.

반대로 그 아이에게 노티드는 어떤 브랜드로 기억될까? 우린 대충 도넛집 정도로 처음 접하고 이용하며 도넛 맛집으로 기억하겠지만 어릴 때부터 부모의 손을 잡고 스티커도 붙이고 그림 챌린지도 하며 자란 아이에게 노티드는 일반적인 도넛 맛집이라는 기억과는 비교도 안 될 만큼 깊은 유대감으로 브랜드를 기억하는 순위가 더욱 단단하고 높을 것이라고 추론할 수 있다.

처음에는 매장에서 어른들끼리 신나서 대화하는 사이 무엇을 해야 할지 몰라 우울해 보이는 아이들이 눈에 밟혔다. 우리가 어릴 때 갖고 놀던 종이인형 옷 입히기나 색칠 공부를 하도록 만들어 주면 좋겠다고 생각했다. 컬러링북에서 영감을 받아 그림 챌린지를 만들었다. 노티드 SNS를 통해 매월 참여자 중 일부를 선정해 선물을 줬다. 다량의 종이가 매장에서 사라진 뒤 어느 미술학원 계정에 부교재로 사용되며 올라오기도 했었다.

그런데 그 미술학원을 공격하기보단 오히려 우리 그림 챌린지 종이에 노티드를 소개하는 글과 QR코드를 넣었다. 한 번에 여러 장을 가져가도 제재하지 않았던 이유는 이것을 사용할 아이들이 꼭 음식이 아니더라도 노티드를 다르게 받아들이고 경험하길 바라서였다. 그들의 기억에 일찍 자리 잡아 쌓인 유대를 통해 언젠가 그들이 성장해 노티드를 바라볼 때 훨씬 친밀하게 기억되는 브랜드로 남기를 바랐다. 마치 내가 어릴 때 일요일 아침에는 알람을 맞춘 듯 눈을 떠 매번 챙겨보던 〈디즈니 만화동산〉이란 프로그램처럼 말이다.

일상에 침투하는
굿즈의 힘

앞에서 기억의 순위와 순위를 높이는 방법과 고객경험이 기억에 영향을 준다는 이야기를 했다. 이번에는 다르게 접근해 보려고 한다. 앞의 이야기처럼 경험 자체가 엄청난 인상을 주며 소비자들에게 높은 순위의 기억으로 남는다면 너무 좋겠지만 그러기는 정말 쉽지 않다. 대부분은 1~10번 순위 기억 중 8~10번 안에 들어가는 경우가 태반이다. 그렇다면 내 브랜드는 항상 금방 지워지는 기억으로 남아야 하는가?

난 그렇지 않다고 생각한다. 그럼 또 어떤 방법이 있을까? 그건 바로 자주 기억을 심어주는 것이다. 이게 무슨 말

2부 나의 브랜딩 원칙

인가 하면 오늘 10번에 들어간 기억이 내일 다른 기억으로 인해 지워졌다고 가정하자. 그런 다음 다시 같은 기억을 넣어주면 다시 10번에 자리할 수 있다는 것이다.

"그럼 매일 내 매장에 방문을 시켜야 한다는 것이냐?" 라고 묻는다면 물론 그것도 맞고 이게 제일 좋은 방법이긴 하다. 그런데 이것 말고도 브랜드를 계속 상기시키게 하는 방법은 여러 개가 있다.

TV나 요즘은 유튜브, SNS 등 다양한 채널로 옮긴 광고가 그중 하나이다. 내가 먹었던 또는 경험하고 싶은 매장의 서비스나 제품이 지속적으로 내 눈에 보이면 점점 관심이 간다. 구글 GA를 통해 진행되는 광고를 보면 내가 찾아본 제품이 포털사이트는 물론 SNS까지 따라오며 나에게 사달라고 구애를 한다. 이를 통해 구매로 연결되는 경우가 많다.

또는 내가 신뢰할 만한 셀럽이나 인플루언서가 그것을 소비하는 모습을 지속적으로 보여주는 것이다. 나 또한 인스타그램에서 누군가가 다녀온 멋진 곳이나 멋진 제품을 보면 저장 버튼을 누른다. 그런데 그 저장 폴더는 신기하게도 1년에 몇 번 안 들어가는 것 같다. 분명 기억하고 싶어 저장을 누르지만 그 빈도가 높기에 막상 의지만 보일 뿐 활용은 거의 안 한다.

그런데 다양한 인플루언서들이 그 공간이나 제품을 주기적으로 또는 일제히 올리면 그곳을 경험하고 싶다는 기억 또는 언제 가봐야지 했던 기억이 더 선명하게 떠오르곤 한다. 또는 가야지 하고 체크했다가 까먹었는데 몇 주 뒤 누군가가 올린 것을 보며 '아! 맞다! 나 여기 가보려 했지' 하면서 다시 일정을 잡아 다녀온 경험도 많다. 이렇듯 광고나 채널들을 통해 지속적으로 기억하게 하는 방법이 있다.

그리고 이미 방문 또는 경험을 했다면 이런 장치들이 더 다양해진다. 카카오 플러스친구부터 뉴스레터 메일까지 다양한 방법과 채널들을 통해 내 브랜드의 새로운 소식과 뉴스를 전하며 고객이 잠시 내 브랜드를 까먹었더라도 다시금 상기시키며 기억하게 만들어낼 수 있다.

브랜드에 대한 기억이 날아가지 않도록

내가 선호하는 상시 기억 유도 방법 중 하나가 바로 콜라보와 굿즈이다. 콜라보의 경우 한정된 매장에서 편의점이나 마트, 온라인 등으로 제품을 확장하며 기존 고객과 잠재 고객들에게 브랜드를 경험하게 하고 알릴 수 있다는 장점이 있다. 콜라보는 3부에서 더 자세하게 다뤄보고 이번에는 굿즈에 대한 이야기를 해보자. 'GOODS' 말 그대로 사은품이나 기념품 같은 상품을 말한다. '무슨 음식점에서 음식만 잘하면 되지 굿즈가 왜 필요해?' '무슨 카페에서 커피가 맛있어야지 굿즈가 왜 필요해?' 할 수 있겠지만 굿즈는 생각보다 다양한 역할을 한다.

그 역할을 말하기 전에 가장 많이 본 굿즈는 무엇이었는지 여러분께 묻고 싶다. 가장 많이 본 굿즈를 말하라고 하면 컵과 볼펜이 가장 먼저 떠오를 가능성이 큰데 그럼 다음 질문으로 왜 컵과 볼펜이 가장 많을지를 생각해보자. 왜 볼펜과 컵이 가장 많을까? 스스로에게 같은 질문을 던져 보았고 내 나름대로 내린 결론은 이것이었다. 우선 볼펜과 컵이 개당 단가가 가장 저렴한 품목 중에 하나고 가장 많이 만들다 보니 최소 수량 컨트롤이 생각보다 용이하다는 장점이 있다. 그렇기 때문에 가장 많이 생산되는 게 아닐까 싶은데 여기에 한 가지 이유가 더 있다.

바로 가장 많이 사용하는 물건이라는 것이다. 요즘은 휴대폰이나 태블릿이 생기면서 노트 필기를 잘 안 하지만 여전히 노트와 펜을 사용하는 사람들은 항상 있고 그때 꼭 필요한 물건이 볼펜이다. 그리고 그보다 컵은 더 많이 사용되는데 우리가 아침에 눈을 뜨면 무엇을 먼저 하는지부터 생각해보자. 우선 화장실을 가는 사람과 물을 마시러 가는 사람으로 나뉘겠지만 화장실을 가더라도 결국 물을 마시게 된다.

그리고 정수기나 냉장고에서 물을 꺼내 어디다 마시는가? 바로 컵이다! 그리고 그런 컵들이 3개에서 많게는 6개 이상 내 컵꽂이에 꽂혀있을 것이다. 그런데 신기하게도 그중 내가 자주 사용하는 컵은 1~2개밖에 되지 않는다. 나머지 컵들은 언제 사용하였는지조차 기억이 안 나거나 내가 즐겨 쓰는 컵을 사용하고 설거지를 안 했을 때 대신 사용한다.

만약 내가 가장 자주 사용하고 좋아하는 컵이 어떤 브랜드의 컵이라면 어떨까? 매일 아침 일어나 물을 마실 때 나도 모르게 그 브랜드의 로고를 보고 어느 때는 갑자기 오늘 점심에 '다운타우너나 먹으러 갈까?' 하고 매장을 방문하게 될 계기를 만들어주지 않을까? 이렇듯 굿즈는 매일 사용하는 제품들을 통해 우리 생활에 침투해 매일매일 만나게 되는 작은 광고판의 역할을 하는 것이다.

또한 구매하는 굿즈 말고도 무상으로 나눠주는 굿즈도 있다. 앞에서 언급했던 무료 스티커가 바로 이런 경우다. 의

도치도 않은 곳에서 특별한 의미로 사용되며 브랜드를 더욱 단단하게 기억하게 만드는 매개체가 되기도 한다. 한번은 도쿄에 놀러 갔는데 그곳의 어떤 전봇대에 무수히 붙은 스티커 중 노티드 스티커를 만난 적도 있다. 당시는 일본에서 팝업을 했을 때도 아니고 코로나 전으로 한국에서만 유명해지고 있던 시절이었다. 왜 이게 여기 있을까 싶다가도 이런 거 하나하나가 모여 브랜드를 더욱 유명하게 만드는 게 아닐까 생각했다.

그리고 이런 스티커는 컵과 같은 역할을 한다. 항상 사용하는 내 노트북에 붙은 스티커로 미팅 자리에서 누군가가 "그 브랜드 좋아하시나 봐요?" 하며 이야깃거리가 되고 그렇게 언급하면서 브랜드를 한 번 더 상기시키기도 한다. 가끔은 나와 같은 스티커 또는 아는 스티커를 보며 모르는 사람과 내적 친밀감을 높이기도 하고 말이다.

이렇듯 고객경험에 있어서 기억은 정말 중요한 역할을 한다. 그렇기에 어떻게 기억을 시킬지, 어떻게 기억을 만들지, 어떻게 강력한 기억으로 남게 할지, 어떻게 매일매일 떠올리게 만들지를 고민하자. 그 기억이 좋은 기억으로서 지속적으로 또는 강렬하게 남는다면 그 고객이 내 브랜드를 기억하고 찾아줄 확률은 더욱 높아질 것이다.

3장
다움이 있는가

음료에는
노포가 없다

한동안 '노포'라는 키워드가 엄청나게 떠오르며 '아저씨 맛집'들이 유행했던 적이 있다. 그런데 음식점에는 노포가 있지만 카페에서 노포를 본적이 있는가? 한동안 레트로가 떠오르며 다방 콘셉트의 카페나 예전 다방들이 반짝한 적은 있지만 노포 맛집처럼 자리 잡지는 못했다. 그 이유가 무엇이라고 생각하는가?

　"음료에는 노포가 없다."라는 말은 2023년 조선일보 인터뷰에서 내가 했던 말이다. 그리고 이 말은 카페 창업이 엄청 쉽다고 생각하는 도전자들에게 해주고 싶은 말이기도 했다. 보통 음식 맛집의 경우 공간에 대한 힘도 중요하긴 하지만 그보단 음식 맛과 서비스가 더 중요하게 이야기되곤 한다. 100년이 넘은 설렁탕 가게처럼 오래된 역사가 그 집의 매력과 신뢰도를 더욱 높여준다.

그런데 카페는 그렇지 않다. 100년이 넘은 커피집? 물론 이탈리아처럼 커피 문화가 시작한 나라에서는 우리나라의 설렁탕처럼 대접받고 궁금할 수 있지만 적어도 우리나라에서는 관심이 적을 수밖에 없을 것이다. 왜 그럴까? 우리가 카페를 사용하는 목적에서 그 이유를 찾을 수 있다. 우린 카페를 소통하고 나의 문화 수준을 표현하는 하나의 아이덴티티로 인식한다. 음식점에 가서는 음식 사진을 찍어 올리지만 카페에서 음료를 찍어 올리는 경우는 그에 비해 많지 않다. 오히려 그 카페에 있는 자신의 모습을 더 많이 남길 것이다.

그 공간에 속한 나 자신이 이런 문화도 영위하는 상당히 지적이고 트렌디한 사람으로 보이기를 바란다. 이런 현상에서 카페는 두 가지로 나뉜다. 여가를 즐기는 여가형 카페와 진짜 일을 위해 카페인을 충전하는 충전소용 카페. 스타벅스가 어쩌면 이 두 가지를 다 겸비한 유일무이한 브랜드일 수 있겠지만 난 스타벅스도 충전소에 가깝다고 생각한다. 덧붙이자면 충전소 겸 미팅과 업무를 볼 수 있는 정거장의 만남이랄까?

하지만 멋들어진 디자인의 대형카페는 공간을 사용하는 과시의 목적과 공간 자체를 허비하기 위한 목적으로 많이 사용된다. 이런 목적성 때문에 카페는 노포가 될 수 없다. 요즘 카페를 쉽게 창업하는 많은 사람이 자신의 카페를 잘 안착시키지 못하고 결국 접게 되는 이유이기도 하다.

우리가 치킨집에 기대하는 것은 빠른 배달과 맛 그리고 그것에 맞는 가격이다. 그런데 카페는 단순하게 커피만 마시는 공간이 아니다. 그렇기에 뭔가 카페 사장이라면 치킨집 사장보단 있어 보이고 기름 묻히며 일하는 것보단 커피를 내리는 게 우아해 보이기 때문에 시작하지만 그런 이유로 더 망할 가능성은 커진다.

카페 차리기 전에 이거 모르면 망한다

그렇다면 카페를 창업할 때 무엇을 고민해야 할까? 첫 번째는 브랜드의 정체성이다. 내 카페는 충전소인가 아니면 여가형인가를 명확하게 정하고 그것에 맞는 브랜딩과 매장 전략을 준비해야 한다. 충전형이라면 합리적인 가격의 커피와

품질 그리고 빠르게 준비가 가능한지 더 신경을 써야 한다. 반대로 여가형이라면 브랜드의 콘셉트와 비주얼 그리고 공간이 주는 메시지에 대해 더 많은 고민을 해야 한다.

그런데 아이러니하게도 대부분의 카페 사장을 꿈꾸는 이들은 더 어려운 여가형을 꿈꾸는 경우가 많다. 그렇게 그럴싸한 인테리어에 공간을 알려야 하니 내부에 포토존까지 만들기도 하는데 이럴 때 잘못 설정해 이도저도 아닌 어중간한 공간이 되는 경우도 많다. 종종 카페를 운영하는 분들이 도움을 요청해 매장에 가보면 '아니, 왜 여기에 갑자기 포토존?'이라는 생각이 들 수밖에 없는 포토존이 많다. 거울 뒤로는 다른 사람들이 다 걸리며 모두가 쳐다볼 수 있는 무대 같은 위치에서 사진을 찍으라고? 어지간한 자신감이 아니라면 그렇게 찍기는 정말 어려울 것이다.

그래서 본인에게 사장님이라면 저기서 찍겠냐고 물어보면 다들 말을 못하곤 한다. 이렇듯 남들이 다 좋아보이니까, 쉬워보이니까 너무 쉽게 도전하는 사람들이 많은데 앞에서도 말했듯이 브랜드의 인생을 말하는 게 바로 브랜딩이다. 그리고 인생이 그리 쉬운 거던가? 쉽게 얻고 쉽게 성공하면 다 성공해야지, 매해 신규 창업의 70퍼센트 이상이 망하겠는가? 브랜드의 설계와 준비도 마치 내 아이의 인생처럼 더 많이 고민하고 신중하게 결정해야 한다. 특히 카페에는 왜 오래된 노포 맛집이 없는지 이유를 고민하며 무한 경쟁 속에서 과연 나는 경쟁력이 있는가를 많이 고민해 보면 좋겠다.

'힙하다'의 '힙'은
무슨 의미일까

요즘 힙하다는 말이 엄청난 인기를 끌고 있다. 그렇다면 '힙'은 과연 어떤 의미일지 고민해본 적 있는가? 트렌디하다? 멋스럽다? 다양한 의미로 이해하고 사용할 것이다. 여기서 힙하다는 단어의 의미에 새로운 해석을 내놓아보려고 한다.

나는 '힙하다'의 힙은 '힙합'의 힙에서 출발했다고 생각한다. 그 이유는 힙합이란 장르가 자신의 개성을 표출하고 정체성을 명확하게 보여주기 때문이다. 요즘 힙합은 다소(?) 로맨틱해졌지만 과거에는 사회적 메시지나 자신의 생각을 적극적으로 드러내는 것이 특징이었다. 힙합은 반항아들의 문화처럼 여겨지다 어느 순간 주류 문화로 올라와 사랑받기 시작했다. 힙합을 하는 것이 가장 트렌디하고 멋진 일로 여겨지는 시대가 오게 되었고 그때쯤부터 '힙하다'라는 말이 등장했다.

너답게 멋지게 소화했다

40대에 5:5 가르마의 아저씨가 요즘 최신 유행하는 럭셔리 힙합 스타일을 입는다고 과연 힙하다는 소리를 들을 수 있을까? 보편적으론 나잇값을 못 한다든지 안 어울린다는 이야기를 들을 가능성이 크다. 그런 와중에도 힙하다는 말을 듣는 사람은 무엇이 다르기 때문일까? 그것은 바로 문화 또는 스타일을 내제화하여 잘 소화했기 때문일 것이다.

브랜딩을 설명하는 책에서 갑자기 무슨 엉뚱한 이야기인가 싶겠지만 '힙하다'란 말이 '브랜딩을 잘한다'는 말로도 대체할 수 있기 때문에 우린 힙하다는 말을 이해할 필요가 있다. 과거 GFFG나 글로우서울에서 일할 당시에 다양한 매체와 인터뷰를 하다 보면 이렇게 힙한 브랜드를 어떻게 만들었냐는 질문을 종종 받곤 했다. 그때마다 힙하다는 의미를 트렌디하다는 의미로 인식하고 난 매번 우린 트렌디한 브랜드를 만드는 게 아닌 우리가 좋아하고 잘하는 것들을 다른 사람들도 공감할 수 있게 구성한다고 대답하곤 했다.

그러다 매번 받던 질문에서 도대체 힙하다가 뭔데 다들 힙한 브랜드라고 말하는지 궁금해서 의미를 찾아본 적이 있다. 찾아보니 '고유한 개성과 감각을 가지고 있으면서도 최신 유행에 밝고 신선하다'라는 뜻인 경우가 많았다. 도대체 고유한 개성과 감각을 가지고 있으면서도 최신 유행에 밝고 신선한 게 무엇일까? 그리고 왜 내가 브랜딩하였던 브랜드들이 '힙하다'라는 평가를 받을 수 있었을까? 고민하다 보니 내 나름대로 결론에 도달하게 되었다. 그것은 바로 '다움'이었다. 그리고 이 '다움'을 재해석해 남들도 공감하고 누리고 싶은 '다움'으로 만드는 것이 바로 '힙'이다.

'힙지로'라는 단어가 있다. 지금도 뜨거운 '을지로'의 인기를 '힙'이라는 단어를 더해 표현한 방식이다. 힙지로에는 새롭게 생긴 트렌디한 매장들도 있지만 몇십 년을 지켜온 노포들도 많다. 분명 사전적 의미의 힙은 유행에 밝고 신선한 것이라는데 노포가 과연 신선할까? 시대가 바뀌며 아직 노포를 경험 못한 속칭 MZ세대들은 새로움으로 시작해 그들만의 '다움'을 내포하고 있는 아이덴티티에 매료되어 노포를 사랑하는 것이다.

'힙'은 '다움'이다

노포는 엄청난 유행을 만들어 이어가고 있지만 노포 안에는 사실 새로운 게 없다. 그런데 지금의 시대는 노포를 새롭고 신선하게 인식하며 그 안에서의 문화와 음식 그리고 공간이 주는 하나하나를 '힙하다'라고 한다. 그 이유는 흉내가 아닌 '진짜'이기 때문이다. 오랜 세월을 지켜오고 이어오며 그렇게 수십 년을 갈고 닦아 완성된 그들만의 '다움'이 소비자들의 호감을 만든 게 아닐까?

우리가 해외여행을 가면 그 나라의 건축물과 문화를 보며 이국적이라 말하고 새로움을 느낀다. 이것도 사실 우리에게 새로운 것이지 현지인들에게는 일상이고 어쩌면 지루할 정도로 보통의 모습이나 우린 새롭게 느낀다. 그런데 이렇게 느끼는 이유는 그들의 건축 양식이나 문화가 더 뛰어나서가 아닌 그들만의 '다움'에서 이국적인 새로움을 발견하기 때문이 아닐까?

다시 "CMO님은 어떻게 이런 힙한 브랜드들을 만드시고 브랜딩하세요?"라는 질문을 받는다면 이렇게 대답하고 싶다. "저희는 저희가 좋아하고 잘하는 것들에 대한 이해도가 높습니다. 그렇기 때문에 더 잘 구현하고 더 잘 소개할 수 있는 것이죠. 다만 우리만 잘 아는 게 아닌 어떻게 소비자들에게 우리가 느끼고 애정하는 우리 '다움'을 잘 소개하고 설득시킬 수 있을까를 고민합니다. 마치 행복을 담은 박스를 만들었지만 어떻게 행복을 전할 것인가에서 '선물'이란 방식을 선택한 부분처럼 말이죠."

우린 트렌디한 브랜드를 만든 적이 없다. 다만 우리가 잘 알고 우리 다울 수 있는 콘텐츠로 우리만의 이야기를 써 내려갔고 그 이야기를 새롭고 매력적으로 느낀 유저들이 하나 둘 생겨나며 어느 순간 그 트렌드와 문화의 중심으로 가고 있었다.

노티드 도넛이 유행하기 전 도넛이 과연 유행하는 디저트였나? 과연 우린 최신의 트렌드를 좇으며 '힙'하다를 만들고 있었던가? 아니다! 우린 우리의 이야기를 했고 그것이 통하며 트렌드가 되었다. '힙하다'란 유행은 좇는 것이 아닌 우리 '다움'으로 만들어야 하는 것이다.

유행을 좇지 말고
만들어라

누군가는 이렇게 말할 수 있다. "유행을 만드는 게 그렇게 쉽나?" 물론 그렇지 않다. 하지만 만들 수 없는 것은 절대 아니라고 말해주고 싶다. 그렇다면 유행은 어떻게 만들어야 할까? 유행을 만드는 방법을 몇 가지 주제로 나누어 이해해보자.

우리 브랜드만의 강점 찾기

주언규 PD가 운영하는 유튜브 영상에서 인상적인 이야기를 들은 적이 있다. 자신의 강점은 천대하고 남이 가진 강점을 좇아 부러워하며 승부를 하기에 실패할 가능성이 크다는 내용이었다.

정확하게 맞는 말이다. 싸움에서 키가 작은 사람은 키가 큰 상대의 얼굴을 노리는 것이 아닌 자신이 더 공략하기 좋은 위치의 포인트를 찾아야 한다. 그런데 대부분은 얼굴을 가격해야 승부가 빨리 난다고 생각하며 얼굴만 노리는 경우가 많다. 물론 틀린 접근은 아니지만 키 작은 사람의 손이 키 큰 상대의 얼굴에 닿을 가능성은 희박하다. 이때 얼굴을 노리는 것보단 다리를 집중 공략해 상대가 주저앉게 만들고 그 뒤 얼굴을 공격하는 게 더 좋은 전략이 아닐까?

다시 주언규 PD의 영상 내용 중 한 구절로 가보겠다. "주변에 마케터밖에 없으면 마케터는 자신의 마케팅 능력이 대단한 능력인지 모르는 경우가 있다." 이 또한 정말 맞는 말이다. 일을 하다 보면 주변에 비슷한 업을 하는 사람들이 모이게 되고 내 능력이 보통의 능력처럼 느껴지는 경우가 종종 있다. 그런데 시야를 조금만 바꾸면 내가 엄청 쉽게 생각하는 어떤 무언가가 누군가에게는 간절하게 필요한 능력일 수도 있다.

예를 들어 인스타그램의 메타 광고는 전문 마케터가 아

니더라도 하는 방법이 쉽다. 그런데 분명 어떻게 하는지 모르는 사람들도 있다. 더 나아가 메타 계정을 통해 광고를 집행하는 것과 인스타그램 콘텐츠 아래에 있는 광고하기 버튼을 눌러서 하는 것과는 효율과 분석 방법도 다르다는 사실은 마케터라면 다들 아는 내용일 수 있다. 하지만 혼자 매장 운영에, 사이트 또는 인스타그램까지 운영하며 광고하는 사장님들에게는 외계어처럼 들릴 수도 있다.

그리고 과거 GFFG에 있을 당시 정말 많은 브랜드의 POP와 인스타그램 속 사진들 그리고 더 나아가 네이버 플레이스 속 메뉴판 사진들까지, 들어가는 사진은 전부 내가 아이폰으로 찍었다. 심지어 회사에 전문 촬영팀이 꾸려지기 전까지 회사의 매출이 500억을 넘어 700억으로 갈 때까지 브랜드의 모든 사진은 스마트폰으로 촬영했다 하여도 과언이 아니다.

촬영, 보정, 포토샵 그리고 일러스트까지 우리 팀원들 중 누구 하나 앞의 4가지를 못하는 사람이 없었다. 심지어 자기만의 톤앤매너와 스타일까지 있었으며 그런 사람들만 모이다 보니 사진 찍고, 보정하고, 포토샵하고, 일러스트로 포스터를 만드는 일은 우리 사이에서 걷는 것처럼 쉬웠고 당연한 기능 중 하나였다.

그런데 다른 회사의 마케터들도 과연 그럴까? 이후 2개의 회사를 옮겨가며 다른 회사 마케터들에게는 한두 개 없다는 걸 깨달았다. 누군가는 사진을 잘 찍지 못하고, 누군가는 포토샵 또는 일러스트 중 다룰 수 없는 게 있으며, 누군가는 SNS를 해본 적 없어 어떻게 운영하고 어떤 사진과 글이 사람들에게 관심을 받을 수 있는지조차 모르는 경우가 있었다.

그제야 그전 팀원들의 소중함과 고마움을 알게 되었다. 너무 흔했고 당연했기에 강점이라고 생각하지 못했던 기술과 내 기술들을 접목해 무언가를 할 수 있다는 것은 단연 엄청난 능력이었다. 거기에 그 기술이 고도화되어있다면 그것은 게임 속 LV.1이 전설의 아이템을 장착한 것과 같은 효과가 있다.

이제 다시 이번 주제로 넘어오겠다. 유행을 만들기 위해서는 첫 번째로 강점을 찾아야 한다. 내가 잘하지만 나에게 별 대수롭지 않았던 재능들을 다시 판단해 보는 시간이 필요하다. 그리고 이런 작업에 있어 필수로 이뤄져야 하는 것이 바로 자기 객관화이다. 나 스스로 강점과 약점 그리고 잘하는 것과 하고 싶은 것을 명확히 구분하고 선별해 어떻게 개발할지 그릴 수 있다면 이 공식 그대로 나의 브랜드 또는 내가 속한 회사의 브랜드를 객관화하고 그 안에서 강점을 찾아낼 수 있을 것이다.

그리고 그 강점은 동경하고 꿈꾸는 장점이 아닌 내 브랜드만의 명확하고 뾰족한 장점이어야 하며 그런 장점은 '맞아! 이게 장점이야!' 이런 게 아닌 누워서 떡 먹기처럼 너무 쉬워서 '이게 장점인가?' 싶은 것일 가능성이 크다. 그런 장점들을 몇 개 찾았다면 이게 누구에게 필요할까를 고민해보면 좋다.

사람 모으기

앞에서 말한 것처럼 장점을 찾았다면 그 장점이 도드라질 대상을 찾아야 한다. 예를 들어 마케터가 마케터들만 있는 시장에 자신을 내놓는다고 상상해보자. 정말 차별화된 기술과 다른 마케터들을 압도할 실력이 아니라면 그 시장에서 절대적으로 매력적이기 어렵다. 그런데 마케팅을 모르는 가게 사장님들만 모인 집단에 마케터 1명이 있다면 아마도 서로 데려가려고 할 가능성이 크다. 이렇듯 우리 브랜드가 개발한 강점을 필요로 하고 공감할 수 있는 유저가 많은 시장에 나의 강점을 잘 보여줄 필요가 있다.

요즘은 매체들의 발달로 유저들을 찾기도 매우 용이하다. 예전에는 어느 동네에 엄청 맛있는 핸드 드립 커피를 판다고 해도 그 동네 사람들만 방문할 가능성이 크며 알려지기가 쉽지 않았다. 그런데 이제는 SNS나 포털사이트를 통해 동네 매장들도 쉽게 알려지기 시작했다. 작은 브랜드이지만 공감하고 경험하게 만들 유저를 찾고, 그들에게 내 브랜드를 알리는 게 정말 쉬운 시대다. 사람들을 모으고 알리는 행위는 결국 마케팅이므로 지금 시대에 마케팅이 아주 중요하게 된 것이다.

더 나아가 이젠 마케팅도 넘쳐나기에 나의 강점을 더 잘 설명하고 공감하게 만들 브랜딩 즉 우리 브랜드다움과 방향이 더욱 중요해졌다. 단순하게 "우리 집 핸드 드립 커피는 맛있어! 그러니 와 봐!"가 아닌 "우리 집 핸드 드립 커피는 어떤 원두를 사용해서 이런 맛을 중점적으로 하고 있다. 그래서 이런 맛을 선호하는 취향을 가진 분이라면 좋아하실 듯하다. 단점은 이렇게 보완해서 더 좋아하실 수 있다."처럼 우리 브랜드를 이용해야 하는 명확한 이유와 목적을 전달해주는 게 좋다.

그리고 100명이 있다고 100명 모두에게 공감을 얻으려

하면 오히려 공감을 얻기 어렵다. 모두의 취향이 다 같은 게 아닌데 모두에게 어필하려다 보니 이도저도 아닌 시도가 될 수 있기 때문이다. 그래서 더욱 '사람 모으기'를 해야 하며 한 번에 전부를 모으는 게 아닌 하나하나 모아야 한다. 내 강점을 이용해 처음에는 명확하게 공감할 만한 유저들부터 공략하자. 그렇게 그들이 제법 모이면 유저의 취향을 확대해나가며 고객들을 모아야 한다.

적은 타깃들로 명확하게 그들이 공감하고 이용할 명분과 이유를 만들어주면서 한 명 한 명 설득시켜야 한다. 그러다 보면 갑자기 커져버린 내 브랜드를 애정하고 이용하는 많은 유저들을 만나게 될 것이다.

커뮤니티와 문화 만들기

점점 불어난 유저들이 있다면 이때부터는 유저들을 활용할 수 있다. 브랜드의 관계자만 브랜드를 홍보하고 바이럴하는 것이 아닌 속칭 '단골'이라 불리는 유저들을 활용해 오가닉 바이럴이 일어날 수 있는 시기이기 때문이다. 그런데 그들이 그냥 알아서 홍보를 지속적으로 해주는 것은 아니다. 처음에는 해줄 수 있지만 우리 브랜드보다 더 취향에 맞거나, 더 싸거나, 더 좋은 브랜드가 생기면 언제든지 갈아탈 수 있다. 이런 상황을 방지하고 그들과의 유대를 더욱 단단하게 만들어주는 것이 바로 커뮤니티화 또는 문화이다.

작은 가게를 생각해보자. 작은 가게에 가면 단골들의 얼굴과 심지어 이름까지 외우고 반말로 서로 인사하며 친구처럼 친한 사장님과 단골이 있는 경우가 있다. 심지어 어느 날 보면 같이 밥까지 먹고 있다. 브랜드에서 서비스를 제공하는 사람과 제공받는 사람으로 시작해 인간관계를 만들고 결국 마음을 나누는 사이로까지 발전한다. 이것이 커뮤니티의 구조이다. 결국 커뮤니티는 우리 브랜드로 하여금 유저들이 소비 이외의 유대를 만들게 하고 그 안에서 서로 소통하도록 만드는 게 가장 중요하다. 소통이란 것은 유대를 더욱 깊게 만들고 브랜드에 대한 이해를 높이며 관계를 단단히 하는 데 매우 중요한 요소이다.

그런데 어떤 소통을 해야 할지 모르는 경우가 많다. 이럴 때 필요한 것이 바로 '문화'이다. 같은 무언가를 좋아하는 집단에서의 유대와 친밀감, 이것을 하나의 문화로 만들어 주기만 한다면 그 안에서 유저들은 아주 건강하게 우리 브랜드를 성장시키고 발전시키는 좋은 인재들로 자리 잡게 된다.

그 예시로 '할리데이비슨'이라는 오토바이 브랜드를 이야기해주고 싶다. 전 세계 모든 문신을 조사했을 때 가장 많은 문신 10개 중 브랜드 로고가 딱 하나 있다. 에르메스도, 애플도, 롤렉스도 아닌 바로 할리데이비슨이다. 그렇다면 할리데이비슨이 왜 이렇게 사랑받는 것일까? 그리고 그런 종류의 오토바이를 이야기할 때 스타일의 본 명칭이 아닌 '할리'라고 말할까?

할리데이비슨은 한동안 경영난에 허덕이며 브랜드가 없어질 위기에 있었다. 이때 할리데이비슨의 대표는 바이크를 좋아하는 사람들이 모여서 서로의 바이크에 대한 정보를 나눌 수 있는 커뮤니티를 열게 되었고 단지 그 커뮤니티 주최만 할리데이비슨이라고만 정했다고 한다. 그 안에서 유저들끼리의 소통과 유대 그리고 문화를 만들어가며 이 커뮤니티가 점점 더 커져나갔고 자연스럽게 이 커뮤니티를 공식 주최하고 서포팅하는 할리데이비슨의 인기도 함께 올라갔다고 한다.

아무리 좋은 제품이 있어도 쓰는 사람이 없다면 그 브랜드는 곧 죽을 가능성이 크다. 그런데 내 브랜드를 쓰는 것을 넘어 나누고 공유하는 사람들이 많다면 어떻게 될까?

2부 나의 브랜딩 원칙

우린 우리 제품과 서비스를 써야 하는 유저를 만드는 데 대부분 집중하지만 그것 이상으로 중요한 것은 사용한 유저들이 만족해서 자발적으로 우리 제품이나 서비스를 나누고 이야기하게 해주는 것으로 보다 강력한 브랜딩으로 만들 수 있다. 결국 이런 행위가 유행을 만드는 결과로 이어질 것이다.

유행을 만드는 방법 3가지에 대해 이야기했는데 결국 유행을 만드는 것은 우리 브랜드의 정체성을 명확하게 하고 방향성을 선정하며 그것에 대한 객관적인 강점을 찾아 그 강점을 가장 크게 이해할 유저들에게 알리며 브랜드를 인식시킨 뒤, 그들만의 커뮤니티와 문화를 만들 수 있게 구조를 형성해 그들이 그 안에서 우리 브랜드를 통해 자유로이 이야기하고 나눌 수 있는 장을 만들어주는 것이다. 그런 유저가 처음에는 한두 명일 수 있겠지만 한 명 한 명 점점 늘어나다 보면 그들이 누리고 있는 문화와 커뮤니티에 관심이 생기는 다른 유저들이 생겨날 것이고 도미노처럼 점점 넓어지며 결국 하나의 유행이 될 것이다.

4장
진정성이 있는가

다운타우너, 진정성은 언제나 통한다

브랜딩을 이야기할 때 지속적으로 반복하고 가장 중요하게 말하는 키워드가 있다. 바로 '진정성'이다. 브랜딩을 이야기 하면서 기가 막힌 전략이나 기술을 알려줄 줄 알았는데 웬 뜬구름 잡는 진정성 타령이냐 할 수 있겠지만, 정말 난 진정성 하나로 이 자리까지 올라와 성공적인 브랜드들을 잘 만들어왔다고 생각하며 그것이 바로 정답이라고 생각한다.

할 수 있을 때까지가 아니라 할 수 없을 때까지 해라

누군가는 브랜딩을 쉽게 하기 위한 비법을 얻기 위해 이 책을 펼쳤을지 모른다. 미안하게도 그런 방법은 없다. 그러나 너무 뻔한 말 같지만 진정성을 갖고 꾸준히 하면 분명 그 결과는 달다. 다시 누군가는 그럴 수 있다. "저는 미친 듯이 노력했으나 좋은 결과를 얻지 못했습니다." 이럴 때 생각나는 책의 구절이 있다. 내 인생책인 《왜 일하는가》에서 이나모리 가즈오 회장은 죽을 힘을 다해 노력했는데 결과적으로 실패해 눈물을 흘리고 있는 직원을 위로하며 이렇게 말한다.

"자네, 신께 간절히 기도는 해봤는가?"

누군가는 갑자기 뜬금없이 웬 신을 찾나 할 수도 있겠지만 나의 관점으로는 해볼 수 있는 모든 수단을 다해보고 결국 신의 뜻을 찾는 게 마지막 선택일 정도로 노력하고 최선을 다했는가로 들렸다. 그리고 그런 노력은 결국 결실을 만들어준다는 그의 말에 난 너무나도 공감한다. 비록 난 신에게까지 기도하지 않았지만 해볼 수 있는 모든 수단을 모아 최선을 다해 좋은 결과를 만들었던 사례가 있어 지금 이야기해보려 한다.

GFFG 재직 당시 모든 브랜드가 내 자식 같았지만 가장 애정하고 정이 많이 가던 첫째는 바로 '다운타우너'였다. GFFG의 브랜딩과 마케팅을 논할 때 인스타그램은 절대 빼놓을 수 없는 채널이었는데 당시 마케팅팀 인원들은 각자 브랜드 계정의 콘텐츠 기획, 촬영, 보정, 업로드 및 모니터링(댓글, 태그, 해시태그, 위치태그, DM)까지 밀착 관리하며 자신의 개인 계정만큼 정성을 들였다. 계정이 빠르게 성장하고, 사랑받고, 콘텐츠가 이슈가 되는 게 당시 우리들의 자부심이자 은근한 경쟁 구도도 있을 정도로 우리에게는 전부와도 같았던 순간도 있었다.

나의 경우는 2018년 9월 입사 당시 다운타우너 1,300명, 리틀넥 600명, 노티드 400명 정도의 팔로워를 보유하고 있었다. 총괄로 운영은 하나 담당자들에게 계정을 넘겨줄 2020년 당시 리틀넥 6,900명, 노티드 67,000명의 팔로워까지 키워냈다. 팔로워를 구매하거나 불법적인 요소가 아닌 정말 열심히 관리하고 소통하며 성장시킨 계정들로 나름의 자부심을 갖고 자랑스럽게 여기며 운영했다. 이후 다운타우너 관리만 여전히 내가 전담해서 운영했다.

위기 상황에서 처음으로 시도한 이벤트

다운타우너 팔로워가 8,000명 초반일 때, 여느 날과 같은 평범한 날 일이 찾아왔다. 무슨 이유인지 모르겠지만 다운타우너 계정이 벤(일종의 이용제한)에 걸린 것이다. 일주일간 콘텐츠를 올릴 수도, 댓글이나 좋아요를 할 수도 없는 상황에 처한 것이다. 아무런 잘못도 문제도 없었는데 이런 날벼락 같은 일이 있나… 인스타그램 측에 다양한 방법으로 억울함을 호소하고 문제 해결을 요청했지만 회신은 없었다. 자랑처럼 여기던 계정이 아주 큰 위기에 직면하게 된 것이다.

아무도 나에게 계정이 일주일간 정지 당한 것에 책임을 묻거나 질책하지 않았으나 이런 결과가 모두 나의 탓 같았다. 지금 생각해보면 일주일 정도 참으면 해결되는 별것도 아닌 것을 세상이 무너질 것 같은 좌절감에 사로잡혔다. 그런데 그나마 다행인 것은 다운타우너 인스타 계정에서 스토리라고 하는 24시간만 올라가는 숏폼은 업로드가 가능했다. 그나마 가능했던 스토리를 통해서라도 일주일을 잘 버텨야겠단 마음을 먹었다. 그때쯤 내가 너무 상심하는 모습을 본 같은 팀 동료 승준이(당시 GFFG CCO)가 "형, 그럼 스토리 이벤트라도 해봐! 그때 가구 브랜드에서 했던 것 같이 봤잖아. 그런 거라도 해보는 건 어때?"라고 의견을 던졌고, 그 순간 지푸라기라도 잡는 심정으로 이벤트를 기획하게 되었다.

승준이가 말했던 이벤트는 어느 가구 브랜드의 인스타그램 스토리에 자신의 가구 브랜드를 소개하며 이 스토리를 캡처해서 자신의 스토리에 가구 브랜드 계정을 태그해 올려주면 추첨을 통해 스토리 사진 속 가구를 준다는 이벤트였다.

당시 피드에 올리는 이벤트는 직접 지우지 않는 한 그대로 남으니까 인스타그램 톤앤매너를 망가트릴까 봐 잘 참여하지 않는 경향이 있었다. 반면에 스토리 이벤트는 24시간 이후 사라지고, 참여 방법도 간편해서 정말 많은 사람이 참여하며 잠시 이슈가 되었던 소재였다. 하지만 스토리 이벤트가 이슈가 된 지 겨우 1~2일이 지난 시기였다. 인기는 곧 사그라들 것이라 생각했지만 그래도 안 하는 것보단 하는 게 낫다고 판단했다.

인스타그램 계정이 멈췄다는 말과 함께 지금 글을 캡처해 다운타우너 계정 태그와 같이 스토리에 올리면 추첨을 통해 5명에게 식사권을 주는 이벤트를 올렸다. 가구 브랜드는 상당한 금액의 가구를 걸었지만 5만 원 상당의 식사권

2부 나의 브랜딩 원칙

5장으로 이 이벤트가 얼마나 성공할까 싶어 별 기대가 없었는데 의외의 결과를 초래하였다. 이벤트가 진행돼서 올라가는 24시간 동안 총 3,000명이 넘게 이벤트에 참여하였고 기존 팔로워들 외에 새로운 팔로워가 2,000명 가까이 생겨나며 8,000명 초반이었던 계정이 처음으로 1만 명을 달성하는 쾌거를 이뤘다.

생각지 못한 결과였고 2002년 이탈리아와의 경기에서 승부를 뒤집은 안정환 선수의 헤딩골처럼 통쾌하고 짜릿해지는 순간이었다. 절망적이었던 위기를 기회로 만든 나만의 소중한 추억이자 업적이었다.

그런데 이게 끝이 아니었다. 이벤트가 끝나고 당첨자를 발표한 뒤 3,000명이 넘는 참여자들에게 위기 상황에 응답해 준 고마움을 꼭 전달하고 싶어졌다. 그래서 한 명 한 명 참여로 알람이 온 계정들에 들어가 비록 이벤트에서는 당첨되지 않았지만 너무 감사하다는 말을 메시지로 남기기 시작했다. 당시 동료들은 정말 미련한 짓이라고 굳이 그렇게까지 해야 할 이유가 있냐고 말했지만 내 생각은 달랐다.

절망적이었던 순간 그들 한 명 한 명이 없었다면 팔로워가 1만 명을 달성하는 쾌거는 둘째치고 계정이 방치되며 담당자로서 원치 않았지만 오점을 남기는 게 아닌가. 위기 상황에 나를 도와준 너무 고마운 분들께 내가 해줄 수 있는 건 이벤트에 참여해주셔서 감사하다는 말밖에 없었다.

그렇게 시작한 감사의 답글은 새로운 국면에 다다랐다. 그때는 몰랐는데 지속적으로 DM을 100명에게 보내면 인스타그램에서 24시간 동안 DM을 보낼 수 없게 다시금 벤이 되는 것이다. 이제 와서 이 글을 보지도 못할 인스타그램에게 한마디하자면 내가 나에게 메시지를 보내지도 않은 사람에게 보내는 것도 아니고, 메시지가 왔던 사람들에게 심지어 복붙(복사해 붙여넣기)도 아닌 한 자 한 자 텍스트로 적어 보내는 DM을 왜 못 보내게 하는 것인가? 지금 생각해도 블락 당한 일주일도, DM을 하루에 100개 이상 보내지 못했던 부분도 너무 억울하다.

사람을 움직이는 힘

하루에 100개밖에 보낼 수 없었던 DM을 총 32일에 걸쳐 결국 모두에게 답변을 보내고야 말았다. 정말 미련하다면 미련할 수 있는 행위였고 마케팅 측면에서 본다면 시간 대비 비효율적인 마케팅이었을 수 있겠지만 그때 난 진정성을 통한

두 번째 기적을 보게 되었다. 메시지를 보내다 보면 읽고 답을 안 하시는 분부터 "감사합니다." 또는 "이벤트 또 안 하나요?" 등 다양한 답변들이 온다. 그런데 몇몇 분들은 이렇게 답변이 왔다. "설마 이거 한 명 한 명 다 보내시는 건 아니죠? 그런 거라면 너무 감동이에요! 감사해요."라고. 아무도 몰라줄 거라 생각했고 누군가 알아주길 바라서 했던 행동은 아니었는데 나의 진심이 얼굴도 모르는 누군가에게 전달되는 순간이었다.

심지어 그들 중 몇 분은 나에게 저런 메시지를 보낸 뒤 담당자님 답글 덕분에 이벤트는 탈락했지만 다운타우너가 먹고 싶어졌다며 오늘 퇴근하고 가서 먹어야겠다는 말도 있었다. 실제 퇴근 후 또는 점심시간에 가까운 매장을 방문해 맛있게 드시고 스토리나 피드로 인증까지 해주시는 분들도 있었다.

담당자로서 그리고 진심을 담아 감사를 전하고 싶었던 한 사람으로 정말 감동적이고 행복한 순간들이었다. 이런 게 매출에 얼마나 도움이 되었는지 숫자로 말하라고 하면 솔직히 저렇게 인증해주신 몇 분들의 판매 매출밖에 이야기할 수 없을 것이다. 그런데 그들의 마음속에 다운타우너라는 브랜드가 자리 잡고 이런 메시지 하나로 더 따뜻하고 기억에 남는 브랜드로 남을 수 있다면…. 그것은 어떤 광고로도 만들기 힘든 가장 강력한 브랜드 파워가 될 것이라 믿어 의심치 않는다.

브랜딩은 절대 전략이나 기술이 아니다. 내 브랜드를 전달하고 가치관을 설명하며 공감시키고 설득하는 과정이다. 이런 과정을 통해 고객들과 쌓인 유대감과 친밀감은 결국 우리 브랜드를 더욱 애정하고 사랑하게 만드는 장치로 작용하게 된다.

우리는 가끔 "정의는 승리한다."라는 말을 한다. 그리고 난 이날 이후 "진정성은 결국 전달된다."라고 지금도 굳게 믿고 있다.

손님을 또 오게 만드는
마법

회사 이름도 없던 GFFG에 처음 입사했던 그날이 생생하게 기억난다. 당시 다운타우너가 청담, 한남, 잠실점 3개, 리틀넥은 압구정 로데오에 1개, 노티드도 도산공원 바로 앞 원래 본점 자리에 1개가 있었다. 당시에도 다운타우너는 줄을 서서 먹을 정도로 워낙 유명했으며 속칭 '줄 서는 맛집'으로 이미 방송도 출현할 정도로 유명세를 떨치며 잘나가고 있었다. 그러나 리틀넥과 노티드는 그렇지 못했다.

한남에서 크게 인기를 만들지 못하고 청담으로 넘어온 리틀넥은 매출이 나쁘진 않았지만 줄을 서고 이럴 정도로 잘되진 않았다. 하지만 노티드는 더 심각했다. 리틀넥의 경우 음식의 가격이 있다 보니 객단가가 높아 매장의 사이즈나 임대료 기준으로 매장을 운영할 정도의 수익은 나왔다. 반면에 노티드는 객단가도 너무 낮으며, 매번 전 좌석을 채우는 피크 타임이 있었음에도 원가와 인건비, 임대료를 내고 나면 남는 돈이 없었다. 오히려 가끔 적자가 나는 상황도 발생했다.

그래서 내가 입사한 당시 리틀넥은 더 만족스러운 매출을 만드는 것, 노티드는 손익분기를 넘기는 것이 중요한 과제가 되었다. 그 시작을 난 리틀넥으로 정했다. 아니 왜 노티드가 아니고 리틀넥이냐고? 지금은 많은 사람이 나를 대단한 디저트나 카페 전문가로 생각해 주는데 당시 난 카페나 디저트는 정말 관심 없었고, 노포나 햄버거 같은 음식을 더 좋아하던 사람이었으며 노티드의 커피나 디저트를 띄우기보단 리틀넥의 가성비 좋은 메뉴들을 띄우는 게 더 빠르고 잘할 수 있을 것이라고 판단했기 때문이었다.

리틀넥이라는 브랜드의 시작점도 좋았다. GFFG 대표 내외가 뉴욕에 방문했을 당시 지하철인가 버스에서 졸다가 내릴 곳을 놓치고 엉뚱한 곳에서 내린 적이 있었다. 놀라서 내리고 나와보니 그 동네가 매우 따사롭고 포근한 인상을 주었다고 한다. 그리고 바로 그 동네의 이름이 '리틀넥'이었던 것이다.

리틀넥의 SNS 속 사진의 톤앤매너를 맛깔 나는 음식 사진들과 포근하고 따사로운 이미지들로 수정하며 바꿔나갔다. 당시 늘도 보도 못한 바질크림 위에 스테이크의 비주얼을 강조하며 압구정 데이트코스 중 합리적인 금액에 스테이크와 파스타를 모두 즐길 수 있다는 점을 포인트로 잡았다. 푸짐한 외모에 스파게티를 양푼으로 줄 것 같은 미국식 백반집 같은 느낌으로 홍보를 하기 시작했다.

물론 유명 인플루언서들도 초대해 같이 식사하며 신나서 브랜드를 소개하고 맛과 비주얼 등 내가 얼마나 이 브랜드를 사랑하고 아끼는지를 진심을 담아 소개했다. 그때마다 빠지지 않았던 멘트가 있었다. "2만 원대 스테이크집 본 적 있어? 이 주변 다른 곳들 스테이크 하나 가격이면 우린 리틀넥에서 식사하고 노티드에서 커피까지 마셔!" 하며 뛰어난 가성비를 어필했다. 그리고 왜 이 브랜드가 그런 가격 설정으로 이렇게 만들어졌는지 브랜드의 탄생과 배경까지 신나게 언급하던 그때가 떠오른다. 그리고 그런 이야기를 매우 흥미롭게 들어주고 함께 즐겨주던 친구들의 모습도 여전히 생생하다. 드디어 이런 마음이 통하고 있다는 판단이 들 때쯤 리틀넥을 부스팅 시켜주는 일이 발생한다.

고객의 마음이 움직였다는 증거

그전에 어떻게 이런 마음이 통했는가 판단하는 기준이 무엇일지 궁금해하는 사람도 있을 것이다. 난 지금도 명확하다. 내가 기획한 메뉴들을 기준으로 브랜딩이란 방향성을 정하고 거기에 마케팅이라는 수단들을 활용해 소비자나 인플루언서가 경험을 했을 때 성공적이었다면 발생하는, 항상 반복되는 현상이 있다. 바로 '재방문'이다.

당시에도 우린 인플루언서들을 초대했지만 "얼마 정도 제공하니 먹고 올려주세요." 하며 요구한 적이 한 번도 없었다. 친한 지인들부터 우리 브랜드를 좋아해 줄 영향력이 있는 사람들을 찾아 초대했고 그때마다 함께 음식을 나누며 브랜드에 대한 이야기를 전했다. 그리고 포스팅을 올려달라기보단 어떤 게 아쉬웠는지, 어떤 것이 좋았는지 그래서 또 방문하고 싶은지 같은 설문을 구두 또는 문서로 받았으며 거기서 나온 불편 사항에 맞춰 문제를 찾고 해결하는 데 집중했다.

미세하지만 불편하고 부족했던 부분이 조금씩 채워져 나가기 시작했고 그 결실이 바로 재방문이었다. SNS에 매장 방문을 자랑하듯 올리던 그때, 일반 고객들의 맛있어서 또

왔다는 인증이 시작되었고 인플루언서인 지인들도 나와 먹은 뒤 "남자친구 또는 여자친구와 또 가고 싶은데 혹시 직원 할인이 되냐? 예약을 잡아줄 수 있어?" 하며 연락이 오기 시작했다. 첫 방문 이후 두 번째 방문한 순간이 정말 중요한데 이럴 때 더 성심성의껏 대했다. 만족스러운 두 번째 경험은 첫 번째 경험의 어렴풋한 인상을 이번에는 확신으로 바꾸고, 매장을 자주 방문하게 되는 좋은 고객경험으로 남게 된다.

그리고 여기서 가장 중요한 고객경험이 바로 '환대'다. 우린 브랜드의 얼굴이 그 브랜드의 로고라고 생각하는 경우가 많다. 물론 나도 맞다고 생각한다. 그런데 브랜드의 인상은 그 얼굴에서 나오지 않는다. 처음으로 경험하는 매장의 모습과 그리고 나를 환대해준 직원에게서 나온다. 아무리 브랜드의 이미지를 잘 구축하고 멋들어지게 해두었더라도 매장에 들어갈 때 점원의 서비스나 응대가 좋지 못했다면 다신 가고 싶지 않은 매장으로 기억될 것이다.

브랜드의 인상은 언제 만들어지는가

직원 한 명의 미소와 친절함이 평생 기억될 매장으로 남을 수도 있다. 그리고 리틀넥은 이것을 정말 기가 막히게 잘했다. 아니 정확하게는 좋은 마인드를 잘 갖춘 훌륭한 리더들이 있었고 이들이 모든 인원에게 그 에너지를 잘 전파한 것 같다.

신뢰를 기반으로 만들어진 끈끈한 전우애 같은 동료애는 우리 매장에 오는 모든 사람이 정말 맛있게 먹고 좋은 경험을 하기를 염원했다. 그게 사람들을 응대하는 모습 하나하나, 웨이팅을 하는 분들께 직접 물을 따르고 나르는 그들의 표정과 모습 하나하나에 감사함과 죄송함으로 매번 묻어나왔다. 그리고 그들의 세심한 태도와 찾아주시는 고객에게 진심으로 감사함을 전하는 마음이 당시 리틀넥의 영광을 만들었다고 생각한다.

물론 내가 발휘한 마케팅의 영향도 있을 것이다. 하지만 난 인입까지만 시키는 장치일 뿐 그렇게 매장에 방문한 사람들에게 최상의 만족과 즐거움을 선사하는 건 매장의 본 플레이어들이다. 그리고 난 항상 우리 브랜드의 글과 사진을 올리며 동료들의 마음을 전했다. 자신이 있었기에 걱정하거나 마음에 없는 이야기를 지어가며 올린 적이 단 한 번도 없었다. 오히려 그들의 열정을 다 담아주지 못하는 게 항상 아쉬울 정도였다.

그리고 긍적적이고 감사한 태도는 함께 일을 할 때도 너무 뛰어난 시너지를 만들어낸다. 다양한 마케터들이 현업에서 겪는 고민과 불편 중 하나로 유관부서가 잘 따라주지 않아 기획한 마케팅 프로모션이나 전략이 성공적이지 못한 경우들이 있는데 당시 나는 정말 신이 날 정도로 함께 즐겁게 일했다. 혼자밖에 없는 마케팅팀 인원이지만 모든 매장의 모든 인원이 나의 이야기를 동료로서 그리고 형, 동생으로서 잘 따라주고 믿고 의지해주었다.

환대의 힘

한번은 지인이 매장에서 밥을 먹은 적이 있는데 식사 시간이 한참 지나서 나에게 전화가 왔다. 솔직히 조금 걱정이 되었다. '혹시 뭐가 불편했나? 만족스럽지 않았나?' 전화를 받자 예상치 못한 이야기가 들려왔다. 거의 1시간이 넘게 기다렸는데 그 사이 몇 번을 오가며 오래 기다리게 해서 죄송하다며 물을 챙겨주고, 불편한 점이 없는지를 물었다고 한다. 오히려 있다고 하면 더 미안해질 정도였다고.

자기들 팀뿐만이 아니라 다른 사람들에게도 똑같이 묻고 챙기는 모습을 보며 점점 매장 안에서의 식사가 기대되기 시작했다는 것이다. 보통 오래 기다리면 기다릴수록 기대감은 분노로 바뀌기 마련인데 오히려 입장도 못한 위치에서 받은 환대는 그들에게 매장의 기대감을 한껏 부풀려줬다.

그렇게 오랜 시간이 걸려 입장한 매장에서는 다른 인원이 밖에서 응대하던 직원보다 더욱 친절하게 인사하고 너무 오래 걸려 죄송하다며 주문을 너무 친절하게 받았다는 것이다. 다른 테이블 응대도 유심히 보았다는데 어디든 공평하게 너무 잘 응대하고 있었고 즐겁게 식사했다는 것이다. 몇십 분을 리틀넥 칭찬으로 전화통에 불이 날 지경이었다

여기서 가장 중요한 부분은 역시 '환대'이다. 난 환대가 결국 미래의 엄청난 매출들을 불러오는 스노우볼이 되었다고 생각한다. SNS 속 리틀넥 방문 간증 속에는 음식의 맛을 칭찬하는 글의 개수만큼이나 우리 동료들의 친절과 서비스에 감사하다는 칭찬글도 쏟아지기 시작했다. 이런 에너지들이 모여 결국 〈수요미식회〉 등 유명 방송 프로그램들의 러브콜을 받았고, 방송 이후 엄청나게 줄을 서게 되었다.

    고객들의 행렬과 애정이 몇 년간 지속될 수 있었던 가장 큰 힘은 방문하는 한 분 한 분 귀하게 여길 줄 알고 최고의 서비스를 제공하기 위해 항상 노력했던 리틀넥 매장 속 인원들의 환대에 있었다고 확신한다. 이런 환대를 함께 기획하고 이렇게 멋진 친구들이 열정을 쏟아가며 일하는 매장을 나의 메인 브랜드로 알리고 소개할 수 있어 자랑스럽고 행복했던 시절이 있었다.

난 예전부터 정말 좋아했던 광고 카피가 두 개 있다. 하나는 리바이스의 "난 나야"이고 다른 하나는 나이키의 "JUST DO IT"이다. "그냥해"라는 이 단어는 매우 심플하면서도 강력한 메시지를 던져준다. 이 시대를 살아가는 많은 사람에게도 정말 필요한 단어다.

특히 퍼스널 브랜딩을 꿈꾸는 사람들에게 나이키의 "JUST DO IT"을 꼭 말해주고 싶다. 우리 주변 친구들 중 유튜버가 되고 싶다고 말한 두 명의 친구가 있다고 가정해보자. 한 친구는 유튜버의 자질이 충분히 있는 친구고 다른 친구는 추진력만 좋은 친구다. 추진력이 좋은 친구는 구형 아이폰으로 자기가 보여주고 싶은 것들을 이것저것 두서없이 찍고 조악한 편집으로 영상을 꾸준하게 올렸다.

물론 콘텐츠의 반응은 형편이 없었고 조롱스러운 댓글들도 많았다. 그런데 매번 뭐가 아쉬웠는지를 모니터링하며 자신의 콘텐츠를 가꾸다 보니 어느새 몇십만 구독자를 보유한 유튜버가 되었고, 같은 출발점에서 자질이 충분했던 친구는 영상을 한 개도 올리지 않았다. 그래서 왜 안 했냐 물으니 편집자를 찾고 있고, 촬영감독을 찾고 있고, 콘셉트가 아직 불명확해서 시작을 못 했다고 한다.

조금 더 체계를 잡은 뒤에 하고 싶다는 욕심과 머뭇거림이 두 친구의 엄청난 간극을 만들었던 것은 아닐까? 주변에서 무언가를 형편없이 시작한 누군가를 본 적 있는가? 분명 난 저거보단 더 잘할 수 있을 것이라며 비웃었는데 어느 순간 나보다 훨씬 더 좋은 결과와 업적을 만들어낸 것을 보며 한편으로 부러워했던 경험이 모두 있을 것이다.

물론 퍼스널 브랜딩이 팔로우 수나 구독자 수로 판단되는 것은 아니다. 그런데 그게 내 나름의 퍼스널 브랜딩의 정의라면 당장 지금부터 계정을 만들고 뭐라도 제발 '그냥 했으면' 좋겠다. 시도를 하지 않으면 실패도 없다. 하지만 성공도 없다. 도전을 했기에 실패도 성공도 있는 것이다.

그리고 실패는 내가 정하는 것이지 내가 포기만 안 한다면 실패 또한 없다. 다만 사업은 이렇게 하면 안 된다. 나에게 명확한 피해가 있는 것은 더 신중해야 하고 더 잘 생각해야 하지만, 해도 그만 안 해도 그만인 것이라면 난 무조건 그냥 하라고 말하겠다. 그래야 다른 도약이나 기회도 찾아올 수 있기 때문이다. 그러니 제발!

"그냥 해!"

3부

브랜드의 더 높은
성장을 바란다면

1장
설득력을 갖출 것

왜 사야 하는지
답할 수 있어야 한다

브랜딩에 있어 견고한 방향성과 마케팅을 준비해도 판매가 잘 되지 않는 경우가 있다. 이때 고민해야 하는 부분이 바로 "왜 사야 해?"라는 소비자의 질문에 난 답할 준비가 되었냐는 것이다.

혹시 공짜를 좋아하는가? 나는 매우 좋아한다. 왜 사람들은 공짜를 좋아할까? 그 이유는 바로 손해를 볼 게 없기 때문이다. 공짜로 받은 게 필요하면 사용하면 되고, 필요 없어도 공짜니까 버리면 된다고 생각하는 마음! 답은 여기에 있다.

결국 소비자는 내가 그것을 사용하는 데 있어 자신만의

경제적 가치를 산정하고 이것을 넘는 만족감 또는 이점을 주는지를 고민한다. 그리고 이것을 넘겼을 때 비로소 소비로 이어지게 된다.

그리고 이 핵심에 "왜?"라는 질문이 생기게 된다. 우린 이 질문을 받았을 때 "이렇기 때문에 네가 이것을 사용해야 해."라는 명확한 이유를 들려줘야 한다. 그 이유가 납득이 되어야지만 결국 구매라는 결과로 이어지기 때문이다.

예를 들어 보자. 〈더 울프 오브 월 스트리트〉라는 영화에서 레오나르도 디카프리오가 맡았던 실존 인물인 조던 벨포트가 강연에서 말한다.

"당신은 내가 이 볼펜을 살 수 있게 만들 수 있습니까? 그렇다면 저에게 팔아보시지요!"

수강생들에게 볼펜을 주며 자신에게 판매하게 시켜본다. 그리고 과거 친구와 저녁 자리에서 똑같은 상황을 만들었던 장면이 나온다. 친구에게 볼펜을 주며 자신에게 팔아보라 말하자 그 친구는 이렇게 말한다.

"혹시 냅킨에 이름 좀 적어줄 수 있어요?"

"펜이 없는데요."

"그거야, 수요와 공급! 친구!"

여기서 난 소름이 돋았다. 결국 소비자가 왜 써야 하는

지를 만들어주고 그것이 시장의 논리인 수요와 공급에 맞물려 펜은 판매가 되는 것이다. 여기서 써야 하는 이유는 '니즈'라고 말할 수 있다.

즉, 소비자의 니즈를 파악하고 그에 맞는 상품과 서비스를 통해 소비자들이 자신의 소비에 대한 가치보다 높은 만족스러움을 만들어주면 자연스럽게 추가 소비나 지속적인 소비로 연결이 된다는 것이다. 더 나아가 이런 니즈는 단순하게 소비자가 "왜? 너의 것을 사야 해?"라는 질문을 던지길 기다리는 것이 아닌 "그런 사람들이 무엇이 필요하고, 무엇이 문제일까?"를 분석해 사전에 질문을 하기도 전에 그 답을 주는 것이다.

사람은 매우 단순하다. 귀찮아하고 편한 것을 추구한다. 그렇기에 질문하는 것조차 귀찮아 내 제품을 거들떠도 안 볼 수도 있다. 그렇다면 묻는 귀찮음 자체를 없애고 이미 그들의 니즈를 파악한 제품과 서비스를 제공한다면 그들은 이것을 이용하지 않을까? 난 분명히 이용할 확률이 매우 높아질 것이라 생각한다. 그 순간 브랜드의 사랑 고백이 고객이란 상대에게 받아들여져 브랜드와 고객의 사랑이 시작되는 첫날이 될 것이라 생각한다.

브랜딩에서 중요한 열쇠

그럼 다시 한번 물어보자. 왜 소비자가 당신의 브랜드를 사용하고 구매해야 하는가? 당신은 이것에 대한 답을 잘 준비하고 있는가? 이 대답에 나 스스로 자문자답을 한다면 결국 '설득력'이라는 단어로 설명할 수 있다.

어떤 제품이든 필요에 의해서 탄생했고 그 쓰임에 대한 이유가 분명히 있다. 그렇다면 우린 그 쓰임이 필요한 사람들을 찾아 이게 왜 당신에게 쓰임이 있는지를 설득만 하면 된다. 그러고 나서 그 사람이 그 제품을 사용한 후 정말 만족했다면 지속적으로 쓰게 될 것이다.

그런데 이것을 비즈니스로 옮기고 나면 몇 가지 문제가 생긴다. 첫째는 비용지불이다. 나에게도 당신에게도 돈은 중요한 부분이다. 나의 귀한 돈을 왜 써야 하는지에 대한 충분한 설득력이 없다면 구매가 일어나지 않는다. 그리고 이럴 때 고객은 왜 구매해야 하는지를 묻는다. 왜 써야 하는지를 묻는다는 건 이미 제품의 존재를 알았다는 것이고, 호기심이 생겼다는 뜻이다. 이때 그 사람의 니즈에 맞는 쓰임새에 대해 잘 설득한다면 좋은 결과를 만들 수 있다. 이 과정에서 설득을 위해 브랜딩 즉 브랜드의 방향성과 정체성에 의해 이 제품 또는 서비스가 나왔다는 연결성과 이유를 명확하게 정립해야 한다.

그리고 두 번째 문제는 고객이 질문조차 하지 않는다는 것이다. 제품의 존재를 모르거나 존재를 알려도 관심조차 없는 경우가 다반사다. 이럴 때 마케팅을 통해 알릴 수는 있지만 타깃이 정확하지 않거나 그들에게 소구할 명확한 이유를 들려주지 못하면 그 마케팅은 돈만 쓴 헛짓이 되고 만다. 결국 수단을 잘 쓰기 위해서는 수단을 잘 다룰 수 있고 그 수단을 어디로 쓸지 명확한 길 즉 방향성이 있어야 한다. 그리고 그 방향성이 결국 브랜딩인 것이다.

그렇기 때문에 브랜딩은 결국 돈으로 해결되지 않는다. 멋진 로고나 브랜드 컬러, 제품 디자인 이런 게 브랜딩일 수 있겠지만 이건 내 기준에는 수단 즉 마케팅이다. 왜 로고가 저렇게 생겼고 어떤 의미가 있는지, 왜 우리 컬러는 이것인지, 저 제품 디자인은 우리 브랜드의 방향성에 의거해 고객들에게 어떤 경험과 인식을 주기 위해 나왔는지 답할 수 있어야 한다. 결국 보이는 것과 결과가 중요한 것이 아닌 과정과 이유가 중요한 것이며 이 과정과 이유는 곧 브랜딩이다.

브랜딩은 마케팅처럼 효율을 측정하기 매우 어렵다. 왜냐하면 브랜딩이 바로 이유나 과정이고 숫자로 정량화할 수 없기 때문이다. 브랜딩은 결국 돈으로 해결되는 것이 아닌 시간과 고민으로 해결된다.

잘 파는 것과
잘 팔 수 있는 것은 다르다

종종 어떤 마케터는 음식 맛이 중요하지 않다고 말한다. 무엇이 되었든 잘만 팔면 된다고 말하기도 한다. 하지만 나는 내가 납득하지 못하는 제품과 서비스를 잘 팔 수 없다. 내가 잘 파는 것은 나 스스로 공감하고 납득되어야 하며 그 진심에서 나오는 솔직한 마음은 어떤 마케팅보다 강력한 설득력을 갖게 되기 때문이다.

다시 한번 나이키 이야기를 해야 할 것 같다. 앞에서 두 창립자 중 빌 바우먼의 이야기를 했다면 이번에는 나이키의 아버지라 불리는 창립자 필 나이트의 이야기를 해보려 한다. 나이키는 처음 블루리본 스포츠라는 이름의 런닝화

수입 회사로 출발하며 오니즈카 타이거를 수입해 파는 것이 그 시작이었다.

당시 필 나이트는 일본인들이 장인정신을 중시하며 제품을 만들 때도 더 완벽하고 튼튼하게 만든다고 생각했다. 특히 전자제품 브랜드들을 보고 이런 인상을 받았는데 결국 그가 선택한 것은 런닝화였다. 왜 런닝화였을까? 그것은 본인 스스로가 런닝 마니아였으며, 런닝을 너무 좋아해서 런닝화에 대한 이해가 높았기 때문에 나온 자신감이었다.

나중에 나이키라는 브랜드를 만들기 전까지 오니즈카 타이거의 미국 시장 진출과 판권을 갖고 블루리본 스포츠를 엄청 큰 회사로 성장시켰다. 이렇듯 내가 나의 서비스나 제품을 좋아하고, 잘 이해해서 파는 것은 엄청난 시너지 효과를 일으킨다.

그렇다고 잘 모르면 안 팔릴까? 그렇지 않다! 물론 잘 팔 수 있다. 그러나 부족한 이해도에서 비롯된 설득력은 자칫 오해를 만들 수 있고 기껏 노력해서 판 상품이나 서비스가 소비자에게는 기대와 다른 경험을 줄 수 있다. 그렇게 된다면 첫 구매는 일어나겠지만 결국 추가 구매로 연결되지 않는 경우가 발생하게 된다.

이런 결과가 지속되면 결국 그 브랜드를 찾는 고객들은

감소하고 해당 브랜드는 위기를 맞게 된다. 물론 소비자는 항상 많고 새로운 소비자들이 생기니 새로운 고객들에게만 팔겠다고 생각할 수 있다. 그 말도 맞다. 그런데 소비자는 한계가 있고 언젠가는 끝이 있는 전개일 것이다.

그보단 한 번 경험했던 소비자가 지속적으로 경험하게 만드는 구조가 중요하다. 여기서 잘 파는 것과 잘 팔 수 있는 것의 중요한 차이가 발생한다. 즉 잘 팔 수 있는 것은 내가 나의 서비스나 제품의 특장점을 너무 잘 파악하고 그런 장점들이 필요한 고객들에게 명확하게 소구해 그들의 불편 또는 부족했던 부분을 나의 서비스나 제품을 통해 해소해 줄 수 있다. 또한 내가 느꼈던 만족감을 선사해 준다면 그 고객들은 내 제품이나 서비스를 한 번만 사용할 확률이 매우 줄어들 것이다. 더 나아가 너무 만족스러웠다면 그 경험을 주변인들에게 스스로 전파하며 내 브랜드의 잠재적 고객들을 더 많이 만들 수 있다.

제품과 서비스를 자신의 일상에서 직접 경험해보자

'고객경험'은 내 브랜드를 성장시키는 데 매우 중요한 역할을 한다. 경험에 대한 가설과 장치들을 더욱 촘촘하고 완벽하게 설계해야 하며 내 서비스와 제품을 누구보다 잘 알아야 가능하다. 내가 사용하지 않는 제품을 팔기보단 나 스스로 좋아하고 만족감을 얻은 부분을 소구 포인트로 잡아 그와 같은 경험을 필요로 하는 고객들에게 내가 느낀 감정을 솔직하게 소구한다면 분명 그들도 같은 감정과 만족감을 얻을 것이다.

대충 나쁘지 않은 것을 마치 엄청난 것처럼 판매하는 기술이 '브랜딩'이나 '마케팅'이라고 생각하면 절대 안 된다. 내 제품이 어떤 목적과 정체성을 갖고 만들어지게 되었는지 그리고 이것을 통해 고객들이 어떤 만족감을 얻게 될 것인지를 고민해야 한다. 즉 제품을 기획하고 만들어내는 과정도 브랜딩이다.

그렇게 탄생한 제품이나 서비스가 어떤 장점과 매력을 갖고 있어 이런 부분이 필요한 소비자에게 어떻게 보일지 구조를 잡고 전략을 만드는 일은 물론 결국 소비자들과 만나는 순간까지 브랜딩의 과정이다. 소비자를 만나 두고두고 사용되거나 회자되며 최종적으로 재구매로 이어지는 일까지 이 모든 게 브랜딩이란 이름으로 브랜드의 삶 안에 포함된 여정이다.

보통 1회 판매까지만을 생각하며 브랜딩을 통해 한 번의 판매만을 만들고 싶은 브랜드들이 많다. 이런 과정을 브랜드란 주체의 인생(브랜딩)을 살아가는 부분으로 치환해 본다면 그 한 번이 긴 브랜드의 인생 속에서 엄청 작은 부분이라는 것을 바로 알게 될 것이다. 그렇다면 지금만이 아닌 미래를 그릴 수 있는 전략과 방향이 있어야 하며 그러기 위해서는 내 제품을 솔직하고 명확하게 이해하고 소구해야 한다.

결국 한 번은 잘 팔 수 있지만 지속적으로 사랑받기 위해서는 내 브랜드의 정체성과 방향성을 명확히 하고 그것을 기반으로 우리가 잘 이해하고 있는 제품이나 서비스의 경험을 소개하고 알리자. 일회성이 아닌 더욱 사랑받는 브랜드가 될 것이다.

공감의 완성은
제품과 서비스

브랜드를 운영할 때 가장 중요한 것은 무엇인가? 누군가는 마케팅이라 말할 수 있고, 이 책을 읽고 있는 당신은 브랜딩이라고 말할 가능성이 높다. 그런데 뛰어난 마케팅이나 탄탄한 브랜딩보다 먼저 꼭 갖춰야 하는 중요한 부분이 있다. 바로 우수한 제품과 서비스이다. 우리는 브랜드라고 포장하지만 결국 이 브랜드는 영리를 목적으로 하며 수익을 만들어야 존속이 가능하다. 수익은 우리 브랜드가 고객들에게 제공하는 제품과 서비스에서 출발하며, 그것이 만족스러워야 지속적인 매출이 일어나서 회사가 살아갈 수 있다.

잘되면 제품 덕 안되면 마케팅 탓

제품은 뛰어난데 브랜딩 또는 마케팅이 부족해서 실패한다고 생각하는 회사들이 많다. 이런 관점 때문에 마케팅팀이 결과나 성과에 있어 많은 영광도 받지만 역으로 공격을 당하기에도 너무 쉬운 구조이다.

'잘되면 제품 덕, 안되면 마케팅 탓'이라는 말처럼 좋은 상품이 마케팅이 잘 안돼서 안 팔린다는 판단에는 오류가 있을 수 있다. 물론 마케팅이 약해서 정말 좋은 제품이 실패하는 경우가 있다. 하지만 마케팅을 잘했는데도 실패하는 경우는 제품이 매력적이지 않고, 우수하지 못할 가능성이 높다.

예를 들어보자. 평범한 서비스와 제품이 있다. 어마어마한 마케팅 비용을 통해 런칭 매출이 성공적으로 이루어졌다. 그런데 이후 매출이 점점 줄어들자 과거만큼 마케팅팀에서 마케팅을 잘하지 못하는 것이 아니냐는 말이 내부에서 나온다. 과연 마케팅이 원인일까?

정답은 '아니다'일 확률이 높다. 우선 소비자들은 마케팅을 통해 경험해보지 못한 서비스와 제품을 구매했을 가능성이 크다. 마케팅만으로 순간적인 매출을 만드는 것은 가능하기 때문이다. 그런데 이후 매출이 줄어드는 이유는 처음에는 호기심이나 광고에 현혹되어 샀지만, 마케팅에서 생긴 기대치에 비해 제품이 만족스럽지 못해서 재구매를 하지 않은 것이다. 또한 주변에 추천하는 일 같은 오가닉 바이럴이 일어나지 못했을 가능성도 지울 수 없다.

좋은 제품을 만드는 것까지 브랜딩

마케팅을 통해 호기심이 생기고, 경험은 만들었지만 그 경험이 만족스럽지 못하면 브랜드에 대한 기대와 공감은 무너진다. 그렇다면 이제 어떤 것에 집중해야 할까? 바로 제품이다. 제품을 개선하고 품질을 높이는 것도 결국은 브랜딩으로 연결된다. 브랜딩은 방향성에 맞춰 소비자를 설득하고 공감을 얻는 모든 과정이기 때문이다.

처음부터 훌륭한 제품을 만들기는 매우 어렵다. 하지만 점점 성장하고 발전하는 제품과 서비스는 분명히 있다. 단순하게 우수한 제품으로서 끝이 아닌 성장하는 제품과 서비스를 만들어야 하며 그에 맞는 방향성을 설정하는 것도 매우 중요하다.

과연 우리의 제품과 서비스가 객관적으로 소비자들에게 필요하고 만족을 줄 수 있는지, 어떤 만족을 줄 수 있는지, 가격은 합당한지를 판단해야 한다. 만족도가 얼마나 크고 작은지 수시로 체크해서 판매가 시작되더라도 변경할 수 있어야 한다. 시점과 상황에 따라 마케팅 전략도 바뀌듯 제품의 장점과 단점을 수시로 보완해야 한다.

Brand + ing

2장
단골을 만들 것

스타벅스가 이름을
불러주는 이유

2022년의 나는 낭만과 예술의 도시 파리를 간다는 생각으로 기대에 부풀어 있었다. 그런데 딱! 그 기대만큼 두려움도 컸다. 태어나서 처음 가는 유럽여행에 소매치기나 치안이 생각보다 좋지 않다는 말들과 적지 않게 들리는 주변인들의 파리 소매치기 경험담들이 조금은 나를 두렵게 만들었다.

걱정 반 기대 반으로 도착한 파리. 공항에서 숙소까지 가는 택시가 반밖에 남지 않았다는 사실은 기대를 두려움으로 바꿔놓았다. 지저분한 거리 속 도로 중간에 차가 막혀 정차해 있자 마치 좀비 분장을 한 것처럼 몰골이 말이 아닌 노숙자가 우리 택시의 창문을 계속 두드리며 위협적인 톤으로 소리치기까지 했다. 파리지앵들을 꿈꾸던 거리에는 무서운 사람들이 넘쳐나며 온갖 낙서에 냄새까지… 낭만의 도시를 꿈꿨는데 매일 끊임없이 총기사고가 난다는 할렘가의 뒷골목에 온 것만 같은 느낌이었다.

무섭다는 인상 때문에 여행 내내 편안하지 않았다. 혹시 모를 위협과 안전을 신경 쓰며 동행한 여자친구를 지켜야 한다는 생각과 나 자신도 지켜야 한다는 마음에 사실 며칠간은 여행을 그리 즐기지 못했다. 그러다 스타벅스에 들렀다. 해외여행 시 우리에게 익숙한 아이스아메리카노를 판매하는 카페는 그리 흔치 않다. 하지만 스타벅스는 전 세계 어느 지점을 가도 아이스아메리카노는 존재하기 때문에 가게 되었다.

금발에 푸른 눈을 한 잘생긴 청년이 활짝 웃으며 나의 주문을 받아줬다. 팝 가수 트로이 시반을 닮은 듯한 그 청년은 내가 아이스아메리카노를 주문하자 "너 한국 사람이야?"라고 물었다. 그렇다고 하니 역시 맞았다고, 한국 사람들만 아이스아메리카노를 주문한다면서 작은 농담을 던졌다. 그리고 주문 말미에 나의 이름을 물어봤다.

처음에는 '왜 이름을 물어볼까?'라고 순간 생각했다. 외국 스타벅스는 이름으로 불러준다는 이야기가 바로 떠올랐고, 나의 이름은 '준(JUNE)'이라고 말했다. 그러자 그 청년은 "뷰티풀 네임!" 하면서 미소를 지었고 나에게 조금만 기다려 달라 말했다.

그렇게 시간이 지나고 그 청년이 엄청 밝고 명랑한 목소리로 "준! 너의 아이스아메리카노가 여기 나왔어!" 하면서 멀리 떨어져 있던 나에게 손을 흔드는 게 아닌가! 그 순간 '정말 부끄럽다'는 느낌이 들었다. 아무도 신경쓰지 않는 그 카페에서 뭔가 혼자 어색한 기분을 느끼며 커피를 받아왔다.

그런데 구석 자리에 앉아 커피를 마시는데 이상하게 마음이 편하고 안정감을 느끼게 되었다. 분명 방금 전까지도 소매치기를 걱정하고 주변에 위험이 있을까 경계하던 내가 갑자기 무장해제가 된 것이다. 그리고 그 이유는 아마도 주문을 받았던 그 청년이 나의 이름을 불러주고 기억해 주면서 내가 이 공간과 과정을 조금 더 친근하고 편하게 느끼게 된 것이 아닐까.

단골이 팬이 될 때

앞에서 기억을 유도하는 방법을 통해 고객이 우리 브랜드를 더 선명하게 기억하게 하는 다양한 방식들과 그 기억을 만들어내는 것이 얼마나 중요한지를 이야기했다. 그런데 기억을 유도하는 방법을 통해 우리 브랜드를 각인한 고객들에게 주어야 하는 중요한 경험이 하나 더 있다. 그건 바로 '기억해 주는 것'이다.

우리 브랜드를 각인하고 지우지 않는 고객들을 우린 다른 말로 '단골'이라 부른다. 그런데 그런 단골을 대우하고 기억해 주는 것은 브랜딩에 있어서 그리고 서비스에 있어서 매우 중요한 부분이다. 마케팅에서는 CRM(Customer Relationship Management)을 통해 이런 고객관리에 대한 부분을 이야기할 수 있지만 단순 고객관리가 아닌 VIP들을 관리하는 것은 그 이상의 의미와 방식이 있어야만 한다. 하지만 VIP든 그냥 자주 오는 고객이든 모두에게 지켜져야 하는 제1원칙이 '기억해 주는 것'이다.

다시 파리로 돌아가 보자. 무섭고 경계하던 낯선 땅에서 내가 무장해제 되었던 순간은 한 번도 본 적 없었던 다른 인종의 청년이 내 이름을 환하게 불러줬을 때이다. 나의 이름을 타인에게서 듣는 순간 나도 모를 내적 친밀감을 느꼈으며 그것이 내 안도와 안정에 작용하였다.

그리고 이런 관계는 자주 보는 점원과 고객에서 더 두드러지게 드러난다. 지금은 코즈믹버거와 타카이라는 외식 브랜드들을 운영하는 하이키의 대표 김병문은 다운타우너 헤더 프런트였다. 포스기 앞에서 항상 주문을 받고 고객을 응대하는 일을 가장 많이 했는데 그의 특출한 능력 중 하나가 바로 고객 '기억하기'였다. 그는 뛰어난 눈썰미로 거의 두 번 이상 온 고객들을 기억하고 그렇게 자주 오는 고객들에게 "오래간만에 오셨네요? 지난번에 이 메뉴 드셨던 것 같은데 이번에는 메뉴가 바뀌었네요~" 등의 이야기를 던지며 그들과의 친밀도를 높였다.

가끔은 병문 매니저가 자리를 비운 사이 햄버거를 드시러 오셨던 고객분들 중 그가 없자 "퇴사했냐?" "어디 아프냐?" 등 그의 안위를 걱정할 정도로 친밀감이 높은 고객들도 많았다. 그때쯤 되면 사실상 그들은 버거를 먹으러 온다기보단 그 친구와 유대를 나누고 그 친구가 일하는 곳에서 자신에게 편안한 음식을 즐기러 오는 건 아니었을까?

단골을 만드는 과정은 상품과 서비스만으로도 가능하다. 그러나 단골이 팬이 되는 과정은 단순한 서비스와 상품만으론 어렵다. 그들을 기억해 주고 교감을 나눠야 비로소 진정한 찐팬이 되는 것이다.

팬이란 단어가 나왔으니 팬을 이야기할 때 빠질 수 없는 아이돌로 이야기해 보자. BTS가 이제는 명실상부 세계적인 보이그룹이 되었다. 아미라는 어마어마한 팬 군단을 이끌며 그들은 전 세계에서 무한한 사랑을 받고 있다. 그 이유가 무엇일까? 잘생겨서? 노래를 잘해서? 춤이 전 세계 1등이어서? 다 맞지만 팬들과 소통하고 교감하면서 팬들은 그들이 자신들을 기억해 주고 생각해준다고 느꼈을 가능성이 크다. 일방적인 사랑이 아닌 교감으로 만들어지는 쌍방향 사랑, 그 감정을 느낀 팬들이 그들을 더욱 좋아하게 되고 더 깊게 빠지게 된 게 아닐까?

한 팬이 다른 팬들처럼 소리를 지르며 아이돌을 부른다. 아이돌이 연말 시상식에 들어가다 멈칫하며 "어! 너 또 왔구나, 추운데 이렇게 기다려줘서 고마워!" 이런 한마디를 한다면 그 팬은 평생 그 아이돌을 어떻게 기억할까? 자신을 기억해 줬다는 그 하나만으로 아마도 그날은 세상을 다 가진 기분일 것이다.

브랜드를 사랑하는 팬들과 단골은 무수하다. 그리고 그들을 모두 기억하는 건 정말 어려운 일이다. 하지만 해낼 수 있다면, 한 명이라도 더 챙길 수만 있다면 그것은 엄청난 나비효과를 불러올 것이다. 그리고 나는 그 나비효과가 매우 긍정적인 힘을 만들 것이라고 믿어 의심치 않는다.

닉네임을 불러주는 것만으로도

한국인의 성향과 여러 여건상 한국 스타벅스는 이름을 불러주는 일을 잠시 포기하고 숫자로 불러주는 방식을 택했다. 그런데 스타벅스는 이미 단골이 된 고객을 기억해 주는 일이 얼마나 중요한지를 너무 잘 알고 있는 브랜드였다. 자신들이 원래 시행하던 이름을 불러준다는 것 또한 얼마나 중요한 부분인지를 잘 알고 있는 것 같다. 커피를 미리 주문하고 매장에서 픽업할 수 있는 사이렌오더라는 서비스에 그 정답이 숨어있다. 자신의 이름으로 불리는 것이 조금은 불편하고 어색한 한국 사람들에 맞춰 스타벅스는 사이렌오더에 닉네임을 넣게 만든 것이다.

스타벅스를 자주 이용하는 사람들은 사이렌오더라는 스타벅스 앱을 잘 알 것이다. "콩이아빠 님, 주문하신 음료 나왔습니다." "용키 님, 주문하신 밀크티 나왔습니다."처럼 등록한 닉네임을 불러준다. 그리고 내가 가면 "쭈니 삼촌 님"하며 나의 닉네임도 불러준다. 이름으로 불릴 때는 뭔가 불편했던 경험이 닉네임으로 바뀌자 재미있어진다. 내 동료의 황당한 닉네임을 들을 때도 있고 다른 사람의 닉네임에 웃음이 나기도 한다. 하지만 나의 특별한 닉네임을 불러주는 것 하나만으로도 우린 스타벅스에서 대접받는 기분이 든다.

맞다. 이것이 정말 중요한 포인트이다. 결국 브랜드가 고객을 '기억'해준다는 것은 친밀도를 높이는 효과도 있지만 고객에게 자신이 '대접'받는다는 인상을 남긴다. 그리고 이런 대접을 받는단 인상은 남들과는 차별된 특별함을 상징하며 브랜드 경험에 대한 만족도를 높이는 결과를 만들어 주게 되는 것이다.

이런 방식은 본질적으로 최상의 서비스를 제공하려던 작은 커피 브랜드 하나가 어떻게 하면 고객들과 더 친근하게 유대를 만들고 이어 나갈지, 끊임없는 고민과 노력 그리고 시행착오를 통해 완성된 것은 아닐까? 또한 완성되었다고 고착화한 것이 아닌 각 나라의 문화에 맞춰 진화하고 더 견고하게 성장시켜나가며 발전시킨 것이 아닐까 싶다. 그리고 이런 전략은 상술이라기보단 정말 고객들을 중시하는 스타벅스의 브랜드 철학에 가까운 게 아닐까? 결국 이런 노력이 지금의 스타벅스를 만들었다고 생각한다.

단골이 생길 때
브랜드는 자란다

브랜딩 컨설팅 중 만난 많은 브랜드들이 어떻게 하면 더 많은 새로운 고객들을 유입시킬 수 있는지에 대해서 나에게 묻곤 한다. 그럴 때마다 난 정반대의 대답을 내놓곤 하는데 그 대답은 바로 '단골'들을 어떻게 더 우리와 깊숙하게 만들지를 고민해보자는 것이다.

앞의 스타벅스 이야기에서 단골이라는 화두를 처음 꺼내었고 그들을 기억해 줘야 한다는 메시지를 말했다. 그렇다면 왜 기억까지 해줄 정도로 단골이 중요한 것일까? 단골이 중요한 이유는 무수히 많지만 가장 중요한 한 가지를 꼽자면 고정 매출을 만들어준다는 것이다. 일반 고객들은 한

번 방문하면 다시 언제 방문할지 알 수가 없다. 심지어 한 번 방문하고 다시는 안 오는 사람들도 무수히 많다. 그런데 단골들은 루틴이 있다. 물론 정확한 루틴은 아니지만 주기적으로 매장을 방문하며 고정석인 매출을 만들어준다. 그리고 이런 점은 운영에 있어 매우 중요한 부분이다.

이해를 돕기 위해 급식소로 예시를 들어보겠다. 식권을 팔지 않고 당일 만들어 당일 오는 손님에게 파는 급식소가 있다고 생각해보자. 이들은 하루에 200명이 올지 10명이 올지 모르는 상황에서 추측만으로 음식량을 만들게 된다. 그래서 인원에 맞았다면 다행이지만 인원보다 적게 만들었다면 먹으러 왔던 고객들은 실망하며 다음에도 이럴 수 있으니 다른 곳으로 가자고 발길을 돌리게 된다. 결국 고객들을 잃을 수도 있는 것이다. 역으로 너무 많이 만들었는데 손님이 적게 와 음식들을 다 폐기한다면 재료비 누수는 물론 음식물 쓰레기를 버리는 데에도 비용이 발생하게 된다.

그런데 미리 식권을 팔거나 주변 회사들과 계약해 매일 주문 받는 양을 체크하며 만든다면 어떻게 될까? 버려지는 음식량도 최소화되며 안정적으로 매출을 유지하며 영업할 수 있다. 여기서 중요한 포인트는 바로 '안정성'이다. 모두가 회사보다 내 사업을 해야 돈을 더 벌 수 있는 확률이 높아진다는 건 대부분 다 동감할 것이다. 그런데 모두가 자신의 사업에 적극적으로 도전하지 못하는 이유는 수입에 대한 안정성이 보장되지 않는 부분이 가장 큰 이유일 것이다.

그런데 이런 부분이 단골로 어느 정도 해소될 수 있다. 처음에는 단골을 만드는 게 어렵지만 한 명, 두 명 단골들이 생겨나며 그들이 고정된 일정 매출을 채워주면 자연스럽게 상품이나 서비스를 제공해야 하는 양을 산정할 수 있으며 그 이상의 불필요한 낭비나 누수를 막을 수 있다. 그리고 더 나아가 안정적인 매출은 브랜드의 방향에 안정성을 높이며 꾸준하게 성장할 수 있는 거시적 관점을 만들어준다.

다수의 관심보다 소수의 단골을 생각할 시간

단골이 중요한 이유가 이것뿐일까? 단골은 우리 회사에서 불특정 다수와 잠재적 고객들에게 심어놓은 우리 브랜드 '홍보대사'이다. 나는 한동안 'Aime leon dore'라는 브랜드의 옷들을 주야장천 입고 다녔다. 아직 한국에는 이 브랜드를 애용하고 즐기는 유저들이 적었을 때였는데 하도 이 옷만 입으니 나를 팔로우하고 있는 유저들로부터 이 브랜드에 대한 질문을 많이 받기도 했다. 심지어 내 주변 지인들도 "그 브랜드가 어떻기에 그렇게 자주 입냐, 옷은 좋냐? 나도 한 번 사볼까? 사이즈는 어떻게 해야 하나?" 물었고, 그중 몇 명은 자기 스스로 해외 구매로 경험했으며 몇몇은 내가 제 품을 살 때 부탁해 그들의 제품까지 전달받곤 했다.

그리고 지금 그들 중 일부는 그 브랜드의 마니아가 되었 고 브랜드에서 신상이 나올 때마다 구매를 하는 사람들도 생 겨났다. 이런 과정들이 꼭 나로 인해 벌어졌다고는 할 수 없지 만 단골이 단골을 만들어내는 아주 건강한 홍보 과정인 것 은 분명하다. 《그래서 브랜딩이 필요합니다》라는 책을 보면 저자인 전우성 작가의 일화가 참 인상적이다.

그는 전 세계적으로 운반 수단으로 사용되는 트럭의 적 재 공간에 사용되던 터프천과 안전벨트를 업사이클해 가방 을 만드는 프라이탁을 친구에게 소개 받았다. 스위스에 갔 을 때 프라이탁 매장에 들러 가방을 몇 개 사서 한국으로 돌아와 엄청 자주 사용했고, 그 가방이 어떤 건지 관심을 보이는 사람들에게 자신이 프라이탁의 홍보대사가 된 것처 럼 제품의 우수성과 환경을 생각하는 부분 그리고 재활용 을 통한 부분까지 신이 나서 설명했다고 한다.

앞의 이야기와 같이 고객은 자신이 좋아하는 브랜드가

생기고 스스로 그 브랜드의 단골 또는 팬이라고 인식하는 순간 생각지 못한 연대를 만들게 된다. 친구들끼리 '애플이 더 위대하다, 삼성이 더 위대하다' 또는 '펩시다, 코카콜라다' 또는 'ALD(aime leon dore)다, 로잉블레이져다'처럼 자신이 좋아하는 브랜드의 편이 되어서 경쟁 브랜드보다 우수하다는 논쟁으로 열띤 토론을 하고 변호를 하기도 한다. 스스로 홍보대사가 되어 내가 좋아하는 브랜드에 대해 아직 지식이 없는 주변인들에게 브랜드를 전파하고 이해시키는 역할도 한다.

더 나아가 직접 구매해 선물을 해주기까지 한다. 예를 들어 여러분이 하나의 맛집을 찾았다고 가정하자. 여기가 너무 맛있으면 주변인들에게 "야, 거기 너만 알아. 진짜 맛있어. 꼭 가봐!"라고 말할 것이다. 그런데 너무 맛있어서 친구에게 소개해주고 싶은 마음이 너무 커지면 이렇게 말한다. "야! 안 되겠다. 내가 오늘 저녁에 거기 예약해 둘 테니까 퇴근하고 거기로 와, 내가 쏠게!"

돈을 받고 광고를 해주는 세상에서 돈을 오히려 내면서 광고는 물론 새로운 잠재 고객의 성공적인 브랜드 경험을 위해 자신을 바치기까지 하는 진풍경이 만들어지는 것이다. 물론 새로운 고객들을 많이 만드는 것도 매우 중요하다. 하지만 1,000명의 신규 고객과 100명의 단골을 선택하라면 당연히 난 100명의 단골이 더 중요할 것이며 1,000명이 아닌 1만 명으로 바꾼다 해도 난 100명의 단골을 선택할 것이다. 왜냐면 그 100명의 단골들이 알아서 1만 명의 신규 고객들을 내 브랜드로 오게 만들 것이라고 믿기 때문이다.

3장
인플루언서를 대할 때
주의할 것

인플루언서의
인플루언서를 공략해라

책에서 앞의 이야기만 듣고 '정말 저 방법들로만 그렇게 노
티드가 유명해질 수 있었다고?' 생각한다면 지금부터의 이
야기에 귀를 기울여보자. 박스를 2개씩 선물하며 받는 사람
에게 먹는 도넛이 아닌 선물로서 인식시킨 방법 외에도 몇
가지 나만의 전략이 있었다.

어디로 그물을 펼칠 것인가

하나는 마찬가지로 다른 방식의 선물이었다. GFFG 이전 난

패션회사를 다녔고 무수한 시즌 광고 촬영을 했다. 그때마다 케이터링이라는 핑거푸드 개념의 작은 음식들을 촬영장이나 행사장에 두는데, 대부분 오랜 시간 두고 먹어야 하는 특징 때문에 맛있고 좋은 음식들이 별로 없다. 그렇다 보니 대부분 손을 잘 대지 않는 경우가 많았다.

그래서 주변 지인들이 화보 촬영이 있다면 그날 나온 따끈한 도넛을 들고 압구정 인근의 촬영장을 자주 찾아 도넛을 몇 박스씩 케이터링 옆에 두곤 했다. 장시간 촬영하다 보면 단 게 땡기기도 하고 케이터링은 대기하는 광고 모델에게 같이 제공되기도 한다. 그렇게 여러 곳의 촬영장을 돌다 보니 자연스럽게 연예인들의 인스타 스토리에 노티드 박스를 인증하는 촬영장 현장의 모습들이 한두 번씩 올라오기 시작하고 그때 맛본 셀럽들이 매니저를 통해 구매하거나 도넛을 직접 사기 위해 매장을 찾기 시작했다.

두 번째 전략은 촬영한 광고컷을 들고 다양한 잡지에 패션 브랜드 마케터가 라운딩을 가서 이번 시즌 자신들의 옷을 알리는 미팅들을 자주 했었다. 지금은 종이 잡지의 힘이 많이 약해져 요즘도 이런 라운딩을 많이들 하는지는 모르겠지만 이때만 해도 아직 온라인보단 오프라인 매체의 힘이 강했었고 그런 매체의 기자들에게 좋은 브랜드든 아니든 자신들의 신상 제품을 어필하기 위해 라운딩과 미팅을 자주 했다.

그런데 잘 보여야 하는 자리에 과연 빈손으로 가겠는 가? 물론 회사에서 지원을 해주거나 그런 건 없다. 다만 담당자로서 자신의 브랜드가 조금이라도 더 좋게 보이기 위해 작은 선물을 사서 미팅에 가는 친구들이 많았었고 난 그런 그들의 고민을 덜어주고자 했다.

이런 선물을 준비할 때 모두가 공감할 것이다. 어쭙잖게 가까운 지인 또는 업체에 선물을 줄 때는 너무 부담스러워도 안 되고 너무 개성이 강한 상품도 어렵다. 그런데 예쁜 박스에 든 데다가 단맛이 있는 도넛은 어떨까? 접근하기도 너무 쉬우며 이미 박스에서 선물의 모습을 하고 있으니 더 할 나위 없다. 거기에 부담스럽지 않은 가격! 더 나아가 난 종종 일부러 라운딩 시즌에 맞춰 "너 라운딩 오늘 가지? 너도 먹고, 기자님 가져다 드려. 선물 사느라 너 사비 쓰지 말고~"하면서 전해줬으며 이렇게 재미(?)를 본 친구들 한두 명이 "오빠, 형! 나 오늘 미팅 있는데 도넛 혹시 직원가로 챙겨줄 수 있어?" 하며 연락이 올 때 가능하다면 그냥 무료로 또는 가끔은 내 사비로 결제해 선물해주곤 했다. 그렇게 시간이 지나니 나중에는 감당하기 어려울 정도로 연락이 오기 시작했고 그때쯤부터인가 노티드에도 도넛을 사려고 줄이 생기기 시작했다.

"아니! 그래서 수치로 증명할 수 있는가?"라고 묻는다면 그건 단호하게 어렵다고 말하겠다. 누군가는 "몇십만 인플루언서들에게 선물하는 게 더 효과적인 것 아닌가? 유명하지 않은 혹은 누군지도 모르는 사람들에게 가는 것보다?"라고 반문할 수도 있다. 물론 맞는 말이다. 그런데 내 직감대로 했고 난 이것을 "인플루언서들의 인플루언서들을 공략했다."라고 말한다.

보통 유명한 기자분들은 내향형 성향인 분들이 많다. 그래서인지 SNS에 팔로우 수가 몇백 또는 많아야 몇천 명인 분들이 많다. 숫자적으로는 당연히 10만이 넘는 인플루언서에게 선물하는 게 계산적으로는 맞다고 판단할 것이다. 그런데 난 그러지 않았다. 아니 솔직하게는 그들에게도 선물은 많이 했지만 그들만큼 기자나 업계 속 영향력이 있는 사람들에게 내 제품이 닿기를 염원했다.

이렇게 생각해보자. 300명밖에 없는 기자의 팔로워는 대부분 누구일까? 초중고 친구들도 있겠지만 대부분 업계 사람들일 것이고 그 대부분이 10만 팔로워들일 가능성이 상당히 높다. 그리고 가장 트렌드에 앞서있는 패션지 기자가 소비하는 디저트라? 이미 인플루언서들에게는 너무 궁금한 꼭지 아니겠는가?

만선의 기쁨을 누리기 위해서

처음에는 5미터였던 줄이 20미터로 커졌을 때쯤 잊지 못할 사건이 하나 발생했다. 바로 '춈미'의 방문이었다. 여자들 사이에서 엄청난 인기를 구가하는 인플루언서 춈미. 사실 난 이름은 알았지만 그렇게 흥미가 많은 인플루언서는 아니었다. 그런데 어느 날 저녁 지인 중 한 명이 "춈미님이 노티드 왔다 갔어!!" 하면서 나한테 DM을 보냈는데 이거 웬걸? 좋아요와 댓글이 심상치 않았다.

그래서 바로 노티드 인스타그램에 들어가니 이미 팔로워가 몇백 명이 늘어 있었다. 아직도 기억한다. 2018년 9월 내가 노티드 계정을 처음 받았을 당시 팔로워 수 650명 그리고 춈미가 올리기 전까지 6,000명 초반까지 키웠고, 그녀가 올린 날 밤 4,000명이 넘게 팔로잉을 하며 1만 명이 넘었다.

그리고 몇백 명만 늘었을 때 난 대표에게 전화했다. "형!

대박!! 뭔가 있을 거 같은데? 느낌이 그래!" 하지만 대표는 춈미가 예전에 다운타우너에도 왔었는데 큰 이슈는 없었다고 대답했다. 그렇게 이야기를 하다 전화를 끊은 뒤 다음 날 1만 명을 넘긴 것을 보고 감탄을 금치 못했고 이날부터 몇 십 미터였던 줄이 100미터가 넘게 섰던 것 같다. 당시 지금의 젠틀몬스터 하우스 도산이 퀸마마 마켓이란 매장이었는데 노티드 청담 본래의 매장 위치부터 하우스 도산까지 줄을 서는 진풍경도 만들어지게 되었다.

그리고 궁금해지기 시작했다. 왜 다운타우너는 반응이 없는데 노티드는 이렇게 잘된 걸까? 우선 춈미의 유저들이 노티드의 타깃과 맞았고 당시 우유생크림 도넛을 한입 베어 물고는 너무 맛있어하며 앞에 앉아 촬영하는 지인에게 계속 "먹어봐~ 진짜 맛있어! 먹어봐!" 하는 모습에서 진심이 느껴졌다. 그리고 이 콘텐츠는 춈미가 당시 올렸던 다른 콘텐츠들에 비해서도 단연 압도적으로 댓글이나 좋아요 수 또한 많았으며 타깃과 알고리즘의 선택까지 받으며 일명 대박 콘텐츠가 된 것이다.

그렇다면 다음은 어떻게 되겠는가? 춈미는 크리에이터이다. 바로 후속 콘텐츠로 또 그 친구를 찾아 먹어보라며 도넛을 들고 쫓아다니는 콘텐츠를 촬영해 올렸다. 이번에도 전만큼은 아니지만 콘텐츠는 대박이 났고 노티드 SNS의 상승은 물론 매장의 줄도 더 길어졌다.

무엇보다 좋았던 건 "먹어봐, 먹어봐!" 하며 친구를 쫓아가던 모습이 내가 설계한 행복을 알려주고 전하고 싶은 선물의 의미와도 닮았다는 것이다. 이런 선한 마음들이 모여 좋은 시너지를 만든 것이 아닌가 싶다. 결국 난 좋은 콘텐츠와 자신 있는 상품이 있었고 그것을 기반으로 잘 버무려진 전략을 만들고 지속적으로 수행하며 펼쳐놓은 그물에 만선이 되기를 기다렸다. 풍요로운 만선을 이뤘던 게 아닐까 싶다.

인플루언서를 이용하지 말고
인플루언서가 이용하게 만들어라

요즘 인플루언서 마케팅은 매우 흔하디 흔한 마케팅 수단 중 하나가 되었으며 다양한 대행사를 통해 돈만 주면 원하는 인플루언서를 원하는 만큼 활용할 수 있을 정도로 많이 대중화되었다. 주변의 이야기를 듣다 보면 '어떤 인플루언서를 활용해 매출이 몇 배가 되었다더라' '어떤 메뉴가 베스트가 되었다더라' 등등 다양한 사례가 많이 들린다.

그런데 이렇게 커진 시장만큼 과연 인플루언서의 활용 방법은 제대로 성장했을까? 모든 인플루언서 마케팅이 꼭 성공하는 것은 아니다. 오히려 요즘은 성공 사례보다 별로 효과를 못 보는 사례가 더 많은 것 같다. '남들 다하니까 우리도 해야 해!'라며 안 하면 안 될 것 같은 기분에 인플루언서 마케팅을 하고 있진 않은가? 이왕 할 거라면 보다 효과적으로 잘 해야 한다.

여러분들은 인플루언서를 어떻게 초대하는가? 대행해주는 업체에 돈을 주고 초대하는가? 아니면 직접 하는가? 어느 비중이 클지는 모르겠지만 난 직접 서칭하고 섭외하기를 권장한다. 이렇게 해야 하는 이유는 크게 3가지가 있다.

첫째, 내 브랜드와 핏이 맞는 인플루언서를 찾을 수 있다

인플루언서 마케팅에서 가장 중요한 부분은 팔로워 수나 인지도보단 '내 브랜드와 얼마나 잘 맞는가?'이다. 그런데 업체를 통해 섭외할 경우 업체가 보유한 인플루언서 리스트에서 찾아 어느 정도 매칭되는지보다 숫자 확보를 위한 팔로우 수나 좋아요 수 위주로 선별하여 보내는 경우도 있다. 심할 때는 매칭점을 보지도 않는다.

예를 들어 채식과 다이어트 콘텐츠를 위주로 올리는 인플루언서에게 햄버거나 피자 같은 포스팅을 요청하여 올린다 한들 큰 반응을 얻을 수 있을까? 인플루언서라도 팔로위 대부분은 다이어트와 채식에 관심이 많은 유저들일 텐데 그들에게 정크푸드는 매력적인 요소가 아닐 가능성이 높다. 하지만 햄버거와 피자를 거의 매일 올리는 인플루언서라면 어떨까? 안 물어봐도 답을 알 것이다. 그렇기 때문에 핏에 맞는 인플루언서들을 직접 발굴하고 찾아서 우리 브랜드에 맞는 인플루언서 풀을 만드는 것이 중요하다. 하지만 다른 업무들 때문에 너무 바쁘다면 다른 인원들과 분산하여 진행을 한다든지 하다못해 대행사에서 가져온 리스트를 보고 우리 브랜드와 맞는지 정도는 판단해 보는 것이 중요하다.

둘째, 유대를 만들 수 있다

내 브랜드와 핏이 맞는 인플루언서들을 찾았다면 직접 메시지를 한 자 한 자 적어 보내어 그들을 초대해보는 것이 매우 좋은 방법이다. 이제는 인플루언서 시장도 어느 정도 안착하여 비용을 요청하고 소속사가 있는 인플루언서도 많지만 그래도 진심은 여전히 통하는 법이다. 어떤 음식점에서 음식을 좋아하는 유명 연예인에게 우리 음식 평가 좀 해달라 DM을 보냈다가 그렇게 자신 있냐며 "만약 별로면 악평할 거다!"라고 가서 먹고 감동해 사장님과 엄청 친한 지인으로 발전했다는 사례가 있을 정도다. 내 브랜드와 핏이 맞는 사람에게 진심을 담아 보낸다면 아마도 그 인플루언서들은 매우 우호적일 것이고, 어쩌면 어떤 대가나 목적성 없이 방문할 수 있을 것이다.

이런 사례는 실제 나도 경험했었는데 GFFG 입사 당시 GFFG 대표와의 인연이 이와 같았다. 다운타우너라는 브랜드가 조금씩 인스타그램에서 보이던 때쯤 햄버거와 피자를 좋아하는 나는 실제 경험하고 기록을 남기고 싶어 다운타우너 한남에 가서 햄버거를 맛있게 먹고 내 인스타그램에 올렸던 적이 있다. 그리고 속칭 콘텐츠가 터져서 많은 좋아요 수와 댓글이 달리며 내 계정 성장에 도움이 되었던 적이 있다. 나중에 GFFG 대표와 지인이 된 뒤 내가 콘텐츠를 올린 주 주말 매출이 2배 성장했다는 이야기도 들었었다.

여기서 재미있는 부분은 사실 다운타우너 한남은 공동 창업이었고 창업자 3명 중 1명이 나의 존재를 알아 이분 언제 초대하고 싶다고 그들끼리 이야기를 나눈 적이 있던 것이다. 그리고 내가 와서 먹고 올리자 서로 네가 초대한 거냐며 확인을 했었다고 한다. 그렇게 주말까지 매출에 영향을 주는 것을 보자 DM을 통해 별도로 와주셔서 감사하다며 리틀넥과 오베이를 운영하는 누구누구인데 당신이 음식에 대해 관심도 많고 글이나 이미지도 우리 톤에 맞는 것 같아 새롭게 오픈한 리틀넥에 방문해 드셔보시고 음식에 대한 좋은 점, 아쉬운 점 등을 피드백해 달라는 것이었다.

여기서 내가 마음에 들었던 포인트는 모두가 똑같이 와서 얼마 안에서 드셔야 하고, 이 메뉴는 필수여서 변경이 불가하고, 포스팅은 언제까지 해주셔야 하고 이런 내용 없이 피드백을 달라는 부분이었다. 그래서 실제로 친구 2명과 함께 3명이 가서 원 없이 시켜 먹는데도 계속 이것도 주고 저것도 줘서 너무 많이 남겨 죄송할 정도로 잘 먹고 나왔다.

그리고 A4용지 2장을 10포인트로 빼곡히 채우는 양의 피드백을 써서 보냈다. 초대에 있어 드러내진 않았겠지만 '너의 피드에도 올려줄 거지?'라는 바람은 분명 있었을 것이다. 그런데 이런 표현보단 내 음식을 좋아해주는 사람으로서 내 음식을 평가해주고 잘 즐겨달라는 마음이 나에게 전달되었고 단순히 피드를 하나 채우기 위한 방문이 아닌 음식에 대한 마음과 어떻게 해야 더 발전할 수 있을지에 대한 고민을 담아 즐기며 탐구하고 메모하며 시간을 보냈다.

전달한 피드백에 대해서 이건 이렇고 저건 저렇게 해보겠다고 말하며 실제로 반영도 했다. 그렇게 종종 질문도 안부도 물으며 그와 난 지인이 되었다. 그리고 내 지인의 가게가 잘되었으면 하는 마음에 오베이도, 다운타우너도, 리틀넥도 자주 가며 내 사비로 음식을 먹고 친구들과 나누며 친구들 피드백도 받아 전달했다. 물론 갈 때마다 거의 대부분 내 인스타그램 피드에도 방문 소식들을 콘텐츠로 올리며 팬으로서의 인증도 남겼다. 그리고 이런 과정들이 인연이 되어 결국 GFFG란 회사의 시작을 함께하고 어느 정도의 성장까지 함께하던 동료가 되었던 것 같다.

그리고 이런 방식은 내가 입사한 다음에는 나의 방식으로 만들어 적극 활용했는데 내가 인플루언서라고 하기에는 민망하지만 종종 패션이나 음식점 등 다양한 곳에서 이런 초대나 선물이 오곤 한다. 그리고 반대로 난 패션홍보대행사와 패션회사의 마케팅 팀장으로 일하며 실제 인플루언서들에게 무수한 포스팅 제의와 선물을 해보았던 경험이 있다. 덕분에 어떤 부분이 불편하고 어려운지 보내는 사람 입장에서도 받는 사람 입장에서도 다 경험해보았다. 단점을 개선하여 최대한 부담스럽지 않게 그리고 불편하지 않게 내가 해줄 수 있는 선 안에서 최대한 베풀었다.

내가 그들을 일로서 대하고 일로서만 소통하면 그들은 정확하게 일로서 인식하고 그 일만큼만 한다. 예를 들어 피드 1회라면 정말 피드 1회로 끝인 거다. 그 피드의 글에 담긴 정성이나 사진에 대한 정성도 중요하지 않은 "난 올렸다. 끝!"인 것이다.

난 인플루언서들을 컨트롤하며 이런 경우를 너무 많이 보았고 이런 죽은 콘텐츠(일로서 하는 콘텐츠) 업로드가 그리 달갑진 않았다. 그래서 왜 이렇게 될까를 고민하다 보니 몇 가지 이유를 찾게 되었다.

첫째, 가이드에 너무 많은 것들 담으려 하니 복잡하고 어려움.
둘째, 그 인플루언서의 개성이나 특징이 고려되지 않음.
셋째, 충분한 커뮤니케이션 없이 진행되니 내용에 깊이가 없음.
넷째, 위의 내용들을 통해 일로서만 느끼게 되고 결국 그 정도 결과만 나옴.

이 정도로 정리를 했고 난 방식을 바꿨다. 특정 이벤트가 있을 때는 가이드를 만들긴 하지만 내가 초대하고 정기적으로 오는 지인들 또는 인플루언서들에게 난 가이드를 잘 주지 않았다. 그리고 GFFG 대표가 내게 했던 것처럼 속마음은 '꼭! 올려줄 거지?'이지만 무조건 올려야 한다고 강요하지도, 그런 것을 약속하고 초대하지도 않았었다. 그리고 실제 올리지 않더라도 왜 안 올렸냐며 핀잔을 준 적도 없었다. 어떤 사장님은 "아니! 음식이 나가는데 그 원가는?" 이럴 수 있겠지만 난 하나의 미팅이라 생각했고 미팅에 음식과 차를 대접하는 건 당연하다 생각했다. 그리고 최대한 그들이 오는 시간에 맞춰 매장에서 만나 음식 하나하나 매장 하나하나 왜 이렇게 탄생했고 어떤 메시지를 전하려고 하는지, 어떤 의미가 있는지를 말로서 소개했다. 빼곡한 가이드보다 내 이야기를 들으며 흥미로워하는 표정에서 이미 그들이 이곳을 자신들의 콘텐츠로 다뤄야겠다는 확신을 보았다.

그렇다. 누가 좋은 콘텐츠를 마다하겠는가. 다만, 좋은 콘텐츠는 알아서 생기는 게 아닌 그들이 누리고 있는 제품 또는 서비스를 어떻게 설명하고, 어떻게 이미지가 투영되는지로 결정되는 것이다. 난 그들에게 우리가 열심히 준비한 제품과 서비스를 맛깔나게 소개했을 뿐 다른 액션을 한 것이 없다.

그리고 사람이 비대면으로 텍스트로만 소통하는 것과 만나서 인사라도 나누고 조금이라도 이야기를 나누면 태도와 반응이 엄청 다르다. 난 최대한 내 초대로 오는 친구들이 일이 아닌 놀러 오고 나와 같이 일상적인 티타임 또는 식사를 하러 오는 인식을 주기 위해 노력했다.

그렇게 웃고 떠들고 즐기다 갈 때 종종 "그래서 가이드는 뭐냐?" 하고 묻는 인플루언서들도 있었다. 그때마다 나의 대답은 같다. 올려줄 거라면 매장명이랑 계정+위치 태그 정도만 달고 나머진 알아서 네가 올리고 싶은 대로 올리라고! 이 부분은 철저하게 상대의 감도와 개성을 믿고 자율에 맡기는 것이다. 음식 맛이나 과정, 이유, 히스토리는 내가 이미 만나 구두로 다 전달했다. 그중 가장 인상적인 부분들만 기억에 남겨 그들만의 스타일로 알아서 잘 버무려 줄 것이다.

그렇기 때문에 내 매장에 왔던 인플루언서들이 혹시나 우리 매장을 콘텐츠로 다뤄준다면 천편일률적인 콘텐츠들이 없는 것이다. 종종 너무 명확한 가이드는 콘텐츠의 개성을 없애고 복제에 가까운 콘텐츠들만 만들어 낼 수 있다. 그런데 난 내가 초대한 인플루언서들의 감도나 그들의 개성을 높게 본 것이지 그들의 팔로워 수만을 본 것은 아니기에 소개는 나의 몫, 그것을 가공하고 자신만의 이야기로 풀어가는 것은 그들의 몫으로 두었다.

셋째, 공적인 관계에서 사적인 관계로!

종종 누군가는 나에게 왜 그렇게 인플루언서나 유명인 친구가 많은지에 대해 묻는 사람들이 많다. 만약 내가 메일이나 DM으로 초대만 하고 얼굴도 안 보고 가이드만 보내고 올렸는지 안 올렸는지만 체크했다면 인플루언서 친구들이 많을 수 있을까? 아마 그렇지 못할 것이다.

나를 위해 또는 우리 브랜드를 위해 귀한 발걸음과 시간을 내주는 그들을 위해 난 접객과 안내에 최선을 다했으며 그 만남을 계기로 좋은 지인 또는 친구가 되기 위해 최선을 다했다. 내가 도와줄 일이 있다면 어떻게든 도와주려 했으며 마음 맞는 친구들끼리 삼삼오오 모아 모임을 만들고 일로서가 아닌 친구로서 커뮤니티화하였다. 그렇게 만나는 친구들이 또 다른 친구들을 소개해주고 그렇게 한 명 한 명 알아가다 보니 어느 순간 나를 엄청 좋아해주고 내 일이라면 발 벗고 나서는 좋은 사람들이 많이 생기게 되었다.

그들은 더 이상 나에게 대단한 대가를 바라지 않는다. 가끔 만나 얼굴 보고 안부를 묻고 이런저런 이야기를 하며 내가 이번에는 어떤 이야기들을 준비했는지 그 부분에 기대하고 집중해준다. 그리고 여전히 난 그들 한 명 한 명과 관계를 나누고 교감하며 철저한 이용 목적이 아닌 서로 도움을 주는 지인이자 친구의 관계로 꾸준하게 관계를 만들고 성장시켜 나가고 있다.

4장
콜라보할 때 주의할 것

반전을
줘야 한다

콜라보의 홍수 속에 살고 있다 해도 과언이 아닌 것 같은 시대다. 10년 전만 해도 '콜라보레이션'이라는 단어는 패션 브랜드들에서나 진행하는 작은 유행 같은 이야기였다. 당시 콜라보 트렌드는 서로 다른 스타일과 문화를 소개하던 패션 브랜드들이 협업해 생각지 못한 조합을 만드는 스타일이 유행이었다. 예를 들어 유니클로와 질샌더의 +J 콜라보라든지, 슈프림과 루이비통의 파격적인 콜라보처럼 타깃과 문화가 다르던 브랜드가 만나며 시장에서 새로운 재미와 흥미를 만들어낸 것이다.

그때쯤 나는 패션회사에 다니고 있었는데 당시 유니클

로 UT에서 일본의 F&B 기업로고를 활용한 협업 아트웍 티셔츠들이 일본 내에서 출시되며 이슈가 된다는 것을 알고 한국의 오뚜기, 빙그레 같은 로고를 활용한 아트웍 콜라보를 팀장에게 제안했던 적이 있다. 팀장도 매우 긍정적으로 받아들여 이사진까지 보고가 갔으나 장난하냐는 피드백과 함께 당시에도 너무 흔하디 흔한 디즈니 캐릭터 콜라보로 틀어야만 했다. 결국 우리 브랜드뿐 아니라 다른 브랜드까지 비슷한 캐릭터, 비슷한 포즈, 비슷한 디자인으로 옷을 만들어 브랜드의 라벨만 다른 제품이 무수히 쏟아져 나오는 경험까지 해봤다.

물론 디즈니가 인지도나 옷에는 더 적합했던 점은 사실이다. 그런데 모두가 예상 가능한 콜라보를 한다고 사람들이 좋아할까? 물론 기업의 입장에서는 리스크가 적고 안전한 선택을 할 수 있겠지만 그게 과연 정말 안전한 선택이었을까?

이 둘이 만났다고?

콜라보레이션의 탄생은 아마도 서로 없던 부분을 채워주

며 더 좋은 상품 또는 서비스를 만들기 위해서 시작되었을 것이다. 그렇다면 무엇이 중요할까? 나는 없던 것을 채운다는 부분에 집중하고 싶다. 그리고 이 부분을 어떻게 채워주냐에 따라 고객들에게 내 브랜드가 더욱 신선하고 지루하지 않은 브랜드로 포지셔닝할 수 있다. 그리고 이런 역할은 신제품이나 새로운 프로모션 또는 리브랜딩을 통해서도 할 수 있지만 가장 단시간에 효율적으로 할 수 있는 전략이 바로 콜라보이고 이를 통해 '새로움' 즉 내 브랜드에 기대하는 모습에 생각지 못한 반전을 준다면 더 매력적인 브랜드로 포지셔닝할 수 있는 것이다.

앞에 언급했던 슈프림과 루이비통의 콜라보를 자세히 이야기해 보려 한다. 스케이트보드나 타며 사고나 치던 문제아들이 입는 '슈프림'이란 브랜드와 전 세계에서 손꼽히는 하이엔드 명품 브랜드 '루이비통'이 2017년 콜라보를 했던 사례이다. 사실 슈프림이 자신들이 만들어 파는 스케이트보드 데크(판)에 루이비통의 심볼인 모노그램을 무단 도용해 만들어 팔다 루이비통에게 고소를 당하며 두 브랜드의 사이는 안 좋은 것으로 보였다. 물과 기름처럼 하이엔드 브랜드와 스트릿 브랜드는 섞일 수 없다는 인식까지 만들어주었다. 신기하게도 그런 소송 이후 몇 년 만에 두 브랜드가 진짜 협업해 보드데크는 물론 각종 의류와 다양한 굿즈들을 출시하게 된 것이다.

당시 시장은 정말 뜨거웠다. 절대 함께하지 못할 것이란 브랜드들의 협업에 놀라기도 했지만 모두가 은근히 바라고, 기대하던 판타지의 영역을 건드려줬다고 할까? 결국 이런 새로움은 두 브랜드를 바라보는 시각에 있어 루이비통은 지루하고 따분한 브랜드가 아닌 젊고 힙한 하이엔드 명품 브랜드가 되었고, 슈프림은 철부지 어린 말썽꾸러기나 입을 법한 브랜드에서 명품과 나란히 서는 주목받는 브랜드로 포지셔닝하게 되었다. 그들은 시장에서 뻔한 것이 아닌, 어렵지만 모두가 상상하며 반전을 가져올 새로움을 찾아냈고, 콜라보라는 장치를 통해 성공적으로 테스트해봤다고 생각한다.

아마도 루이비통은 당시에도 이미 주류가 스트릿 문화로 흘러가고 있었음을 알았던 것 같다. 랩퍼 칸예 웨스트와 스니커즈 콜라보를 하고 슈프림과 콜라보를 하며 스트릿 시장과 서브컬처 시장이 얼마나 가치가 있는지를 콜라보를 통해 니즈를 파악한 뒤 몇 년 후 버질 아블로라는 흑인 디렉터를 남성 컬렉션의 크리에이티브 디렉터로 놓으며 다시 한번 새로움을 선사한다. 그리고 요즘 루이비통의 컬렉션을 보면 스트릿 브랜드나 껄렁한 브랜드에서나 내놓던 힙합바지, 야구모자, 스니커즈 등 명품에서 '이런 게 나온다고?' 싶을 정도의 다양한 제품들이 컬렉션을 채우고 있다. 그런데 신기한 건 더 비싸지고 있음에도 연일 매출은 더 증가하고 있다는 점이다.

나는 이것이 새로움에 있다고 생각한다. 그리고 브랜드는 매번 브랜딩을 통해 새로움을 만들기를 갈망한다. 하지만 그게 맞는 길인지 두렵기도 하다. 이럴 때 콜라보라는 장치를 통해 전혀 다른 시장과 새로움에 대한 파일럿을 해본다면 어떨까? 색이 다른 브랜드를 붙여 우리 색이 아닌 모습을 보여주고 우리 고객들의 반응을 본다면? 더 나아가 다른 색의 고객들이 우리 브랜드를 알고 경험하게 될 기회가 되진 않을까?

결핍을
채워야 한다

잘된 콜라보를 찾다 보면 앞에서 언급한 새로움을 만들어 성공한 사례들을 쉽게 찾아볼 수 있다. 그런데 과연 새롭기만 하면 성공한 콜라보일까? 1번으로 새로움을 말하고 2번으로 지금의 이야기를 하지만 난 지금 이야기가 콜라보에서 가장 첫 번째로 중요한 요소가 아닐까 생각한다.

그 중요한 요소는 바로 콜라보레이션 즉 협업이란 단어의 의미를 파악하는 것이다. 우린 요즘 콜라보란 이름하에 아무것들이나 가져다 마구 섞어 놓고, 부어 놓고, 이어 놓고 하는 것들을 정말 많이 본다. 이런 콜라보를 볼 때마다 여러분들은 어떤 생각을 하게 되는가? 난 인상을 찌푸리게 되는 경우가 많다. 왜냐면 내가 기대했던 콜라보가 아니기 때문이다.

이미 무분별한 사용들 때문에 '콜라보레이션'이라는 단어가 더 이상 '힙'하고 트렌디하게 느껴지지 않게 되기 시작했다. 그리고 과거 우린 이런 비슷한 방식의 흐름으로 평생 쓰고 싶어지지 않은 다른 단어가 있다. 바로 '퓨전'이다. '서로 다른 두 종류 이상의 것을 섞어 새롭게 만든 것'이라는 뜻의 퓨전은 한동안 우리나라를 뒤흔들어 놓을 정도로 열풍이었다. 그리고 처음에는 콜라보레이션처럼 좋은 선례들을 만들어내며 점점 인기를 높여가다 끔찍한 혼종들과 잘못 이해하고 무자비하게 섞어 놓은 것들이 마구마구 생겨나며 그때부터 사람들은 퓨전이란 말을 신뢰하지 않기 시작했다.

그리고 지금의 콜라보가 이런 악순환으로 흘러가는 것 같아 너무나도 안타깝다. 특히 아무런 고민 없이 유행이라고, 트렌디하다고 가져다 마구마구 섞어 쓰는 것이 문제의 가장 큰 요인이라고 생각한다.

이런 현상을 물감으로 비유해보자. 붉은색과 노란색을 잘 섞으면 오묘한 주황색이 나온다. 그리고 사람은 새로운 주황색의 발견을 매우 새로워하고 좋아했을 것이다. 그런데 이해도 없이 무조건 섞으면 좋은 색이 나올 것이라고 생각하고 이것저것 마구잡이로 색을 섞었다 생각해보자. 그럼 무슨 색이 나올까? 아마도 아무런 특징이 없는 검은색이 나올 것이다. 그럼 과연 섞는 주체는 검은색을 기대하고 섞었을까? 아닐 가능성이 크다. 하지만 이해도 없이 행위만 보고 따라하면 결국 다다르는 색은 검정밖에 없을 것이다.

브랜드를 성장시키는 콜라보가 되려면

그렇다면 어떻게 섞어야 할까? 우선 섞으려는 것들이 섞이면 어떤 모습이 나온다는 이해도가 있어야 한다. 그럼 그 이해도는 어떻게 만들어야 할까? 그 정답이 '협업'이라는 단어의 뜻에 숨겨져 있다.

협업의 사전적 의미는 '많은 노동자들이 협력하여 계획적으로 노동하는 일'이다. 여기서 우리가 주목할 부분은 바로 '협력'이라는 단어다. 콜라보레이션을 단순히 브랜드끼리 섞고 붙이기만 하는 것이 아닌 함께 협력하고 서로 없는 부분을 채워주며 새로움을 만드는 협동이 가장 이상적인 콜라보레이션의 구조라고 할 수 있는 것이다.

'에이! 그걸 누가 몰라!?' 하겠지만 생각보다 콜라보 진행 시 이런 부분을 간과하고 상대방 브랜드의 인기만 가져오려 하거나 돈만을 목적으로 하다 보니 퀄리티는 물론 완성도 까지 떨어지는 협업들이 자주 생기게 된다. 10년 전처럼 같은 디즈니 캐릭터의 티셔츠가 각 브랜드별로 모션만 다르게 쏟아져 나오는 참사가 발생할 수 있다.

콜라보를 기획하고 있다면 나의 강점과 상대 브랜드의 강점을 명확하게 파악하고 서로 어떤 부분을 채워주고 보완해줄지를 생각해야 하며 그렇게 함께 협동하여 어떤 결과물을 만들겠다는 구체적인 그림을 그리고 시작한다면 더욱 성공적인 콜라보를 완성할 수 있을 것이다.

고객 감사제처럼
나눠라

다양한 브랜드들이 콜라보를 통해 브랜드의 새로운 모습을 보여주려 한다. 그런데 간혹 새로움이 아닌 돈만을 목적으로 콜라보를 진행하는 브랜드들도 적지 않게 있다. 물론 상업적인 브랜드가 수익을 위해 콜라보를 사용한다는 것에 이견은 없다. 하지만 이런 경우 성공적인 콜라보를 만들기에 상당히 어려워질 수 있다고 생각한다. 그 이유는 여러 가지가 있다.

첫 번째로 콜라보는 단기 협업으로 이슈를 만들고, 좋은 결과로 기억되기 위해서 일부러 소량 생산하는 경우가 많다. 그런데 제품을 만드는 대부분의 공장은 최소 수량을 정해둔다. 최소 수량이 너무 많은 경우 그보다 적은 수량을 만들어야 하는데 이럴 때 제품의 원가가 높아지는 경우가 발생한다. 결국 콜라보 제품들이 더 비싸질 가능성이 큰 것이다.

하지만 생각해보자. 대부분 콜라보 제품은 브랜드의 시그니처 제품에 다른 브랜드의 느낌이나 무드를 입히는 경우가 많지 않은가? 결국 이미 있는 제품에 콜라보를 한 것이라면 원래의 제품보다 금액을 크게 받기가 더욱 어려워진다. 이런 사례들은 패션 브랜드들에서 자주 찾아볼 수 있는데 슈프림의 경우 노스페이스의 제품과 콜라보할 때 노스페이스 제품의 정가와 거의 흡사한 가격에 콜라보 제품을 출시하고, 슈프림의 제품을 모티브로 했다면 자신들의 정가에 맞춰 제품을 출시할 것이다.

그런데 이런 콜라보 제품들은 보통의 업무보다 양사의 조율이나 인원의 투입 등 다양한 부분으로 봤을 때 업무량도 비용도 기존보다 훨씬 많이 들어갈 가능성이 크다. 그럼에도 자신들의 제품의 원래 가격으로 출시하는 이유는 무엇일까? 그것은 한몫을 단단히 챙기겠다는 생각보단 내 브랜드를 좋아하는 사람들 또는 상대 브랜드의 고객에게 신선함과 재미를 선사하며 내 브랜드에 대한 애정과 관심을 한 번 더 만들기 위함이기 때문이다.

두 번째 실패의 요인 중 하나는 퀄리티 저하이다. 앞의 내용처럼 원가 자체가 높아질 가능성이 있기에 그 가격에 맞추기 위해 원래의 퀄리디보다 떨어지는 제품을 만든나든지 또는 원래 존재하지 않던 새로운 제품을 만들었으나 그 퀄리티가 떨어져 유저들에게 실망을 안겨주는 경우도 있다.

마지막 세 번째 실패 요인은 대량생산이다. 결국 최소 수량 때문에 콜라보로 이슈몰이를 해서 큰 매출을 기대하고 엄청난 수량을 만들어서 시장에 내놓게 되는데, '콜라보레이션'이라고 쓰고 '희소성(즉, 한정판)'이라고 읽어야 하는 콜라보의 목적을 놓친 대표적인 경우이다.

콜라보할 때 절대 놓치지 말아야 하는 것

수요보다 공급이 작아야 만족도와 이슈가 더 잘 될 수 있다는 건 모두가 알고 있다. 독자적이고 희소해야 이슈가 될 콜라보 제품이 너무 넘쳐나 아무나 쉽게 구하고 언제든지 살 수 있다면 여러분은 과연 구매하겠는가? 결국 팔리지 않고 남은 재고들은 시즌 오프에 블랙프라이데이까지 거친 뒤 회사 창고나 아울렛에 잔뜩 쌓인 골칫거리 재고들로 기억될 가능성이 크다. 그때의 콜라보가 아무리 엄청 많은 수량을 팔아 회사에 큰 이익을 만들어준 효자 상품이었더라도 그 누구도 잘된 콜라보 사례로 꼽진 않을 가능성이 높다.

이런 이유들이 바로 콜라보를 통해 한몫을 단단히 챙기겠단 발상에서부터 생겨난 오류이자 실패다. 그렇다면 어떻게 콜라보를 해야 할까? 항상 내 브랜드를 아끼고 팬을 자처하는 단골들에게는 너무 자주 경험해 익숙하지만, 조금은 고루하고 지루할 수 있는 브랜드 경험에 환기를 시켜주는 역할로서 콜라보를 사용해야 한다. 아직 경험해보지 못한 잠재 고객들에게는 협업하는 브랜드의 인지도를 통해 내 브랜드를 알리고 간접경험 시켜주는 박람회 같은 역할로 사용해야 한다.

'아니? 콜라보는 원래 돈 벌려고 하는 거 아냐?'라고 생각하며 의아해할 사람들도 있을 것이다. 물론 돈을 버는 콜라보도 있지만 콜라보로 큰돈을 번다는 방식보단 이를 통해 브랜드의 새로운 모습으로 잠재 고객들을 개발하여 내가 더 많이 팔아야 하는 주력 상품들을 알리고 연계매출을 만드는 게 가장 중요하다. 이런 관점에서 본다면 콜라보는 결국 내 제품이나 서비스를 경험하게 만들 잠재 고객들을 위한 마케팅 수단이고, 익숙해서 지루할 수 있는 단골들에게는 새로움과 환기를 시켜주는 브랜딩 전략일 수 있는 것이다.

결국 콜라보는 내 브랜드를 사랑해주는 고객들을 위한 감사제처럼 되어야 한다. 안으로는 단골과 나누고, 밖으로는 잔치를 보며 먹을거리가 있나 구경 온 잠재 고객들을 환대해주며 잠정적 단골을 만들 수 있는 첫 만남을 만드는 데 사용한다면 더할 나위 없이 좋은 경험이 될 것이다.

두 번이나 거절했던
콜라보의 성공

GFFG에 있는 동안 정말 다양한 콜라보를 진행해 보았다. 신한카드부터 삼성전자, 무신사, 코스모폴리탄, 스파오, GS25, 29CM, 몽쉘, 더부스맥주까지! 마케팅 담당자로서 멋진 브랜드들과 콜라보를 무수히 진행하였고 하나하나 너무 많은 에피소드와 기억들이 있지만 이번에는 노티드에서 진행했던 몽쉘 콜라보를 들려주고 싶다.

당시 하루에 1~3건씩 메일이나 전화로 연락 오는 콜라보 제안들을 보며 한동안 고민에 쌓였던 적 있었다. 점점 브랜드의 가치는 휘발되어가는 것 같고 그렇다고 콜라보를 계속 거절하자니 누군 해주고 누군 안 해준다는 이야기까지 나오기 시작했다. 그리고 무수한 인터뷰와 질문들에서 콜라보를 선정하는 기준에 대한 질문들이 쏟아졌고, 그 기준을 잡기 위해 CMO로서 고민하였다. 긴 생각 끝에 나온 기준은 단순했다. 우린 음식을 만드는 회사이고 그 본질에 집중하자!

본질에 집중하자는 기준은 콜라보 브랜드들을 선별하고 정리할 때 상당히 용이했다. 우리를 IP회사로 인식하고 단순 디즈니 캐릭터 라이선스처럼 들고 가 자신들의 제품들에 덕지덕지 붙여 노티드라는 옷을 입으려는 브랜드들을 먼저 걸러내고 나니 생각보다 남은 제안이 몇 개 없기까지 했다.

그중에 가장 기억에 남는 것은 몽쉘이었다. 개인적으로 빅파이, 초코파이와 함께 어릴 때부터 친숙한 과자이자 '대한민국 국민이라면 아마도 몽쉘을 안 먹어본 사람이 있을까?' 싶은 회사와 그 안에서도 속칭 스타 상품이라 불리는 브랜드의 콜라보 제안! 감히 누가 이런 좋은 기회를 놓치겠는가? 하지만 정확하게 말해 두 번은 거절했던 것 같다. 거절의 이유는 명확했다. 당시 몽쉘은 자신들의 패키지에 우리 캐릭터를 활용한 패키지 콜라보만을 원했고 대량제품에 대한 로열티 부분이 우리에게 만족스럽지 않은 수준이었기 때문이다.

그래서 로열티 부분과 함께 캐릭터만의 콜라보가 아닌 우리 또한 디저트 브랜드로 메뉴를 콜라보하고 싶다는 제안을 보냈다. 그것이 내부적으로 어렵단 회신을 받아 1차 거절을 했다. 누군가가 듣는다면 분명 배부른 소리라고 할 수도 있다. 그런데 당시 나는 점점 휘발되어가는 브랜드 이미지가 캐릭터의 남발 때문이라 생각했고, 우린 캐릭터 회사가 아닌 음식을 만드는 회사라는 신념이 가장 중요했다.

당시는 물론 지금도 노티드의 매력적인 캐릭터들은 엄청난 사랑을 받고 있지만 노티드는 분명 캐릭터가 만든 브랜드가 아닌 맛있는 디저트와 그것을 통해 행복을 선물하려는 음식에서 시작한 브랜드라고 생각한다. 음식을 더욱 돋보이게 하고자 캐릭터나 굿즈가 나온 것이지 캐릭터를 위해 디저트가 존재하는 건 아니었다.

본질에 집중하고 감사함을 담다

첫 번째로 거절한 후 이런 소통이 오갔는지 잊혀질 때쯤 두 번째 재협상 메일이 왔다. 그 내용은 로열티를 높여준다는 내용이었다. 지금 생각해보면 당시 롯데 담당자가 내부적으로 얼마나 열심히 설득하고, 이 콜라보를 하고 싶어 얼마나 고민했는지 느껴질 만한 상승이었지만 이런 정보가 부족했던 당시 우리에게 만족스러운 피센트는 아니있다.

사실 속마음은 너무 하고 싶었다. 모두가 어릴 때부터 경험한 메가 브랜드와의 콜라보를 누가 마다하겠는가… 하지만 이번에도 눈 딱 감고 다시 한번 거절의 메일을 보냈다. 그리고 더욱 단호하게 알렸다. "노티드는 음식을 만드는 브랜드입니다. 롯데 몽쉘과 함께 색다른 맛의 디저트를 개발하고 싶습니다."라고. 그리고 이번 회신은 생각보다 빨리 왔다.

메뉴를 개발해보자며 대면 미팅을 한 번 더 하자는 연락이었다. 내심 속으로 혼자 심리전에서 승리(?)했다는 감정과 진심으로 원하는 걸 명확하게 말하니 이들도 공감했다는 판단과 그럼에도 하자고 설득해준 롯데 몽쉘쪽 담당자의 열정으로 이번 콜라보에 대한 기대가 엄청 커졌다.

그렇게 대면 미팅을 하게 되었고 노티드 도넛 중 가장 인기가 좋은 우유생크림도넛을 활용하는 방안부터 다양한 메뉴 개발에 대한 이야기가 오가던 중 출시 일정을 가을 시즌으로 잡은 만큼 "구황작물을 활용해보면 어떨까?"라는 의견이 미팅 중 나왔다. 그 순간 내 머릿속을 스친 디저트가 바로 '몽블랑'이었다. 밤 크림에 토치로 겉을 구워 브라운 컬러의 밤 같기도 하고, 스위스의 몽블랑이라는 산맥처럼 산 모양 같기도 한 쁘띠 케이크였다.

노티드 도넛이 존재하기도 전 노티드 오픈과 함께 21년 출시 당시까지도 노티드의 시그니처 디저트 중 하나였으며 노티드의 근본있는 디저트였다. 이런 매력적인 디저트를 몽쉘과 믹스하면 어떤 결과가 나올까? 이미 나와 우리 팀 담당자는 상상만으로도 들떠있었다. 그런데 롯데 담당자들은 당시 그렇게 만족스러워하는 느낌은 아니었다.

'노티드라고 하면 당연히 도넛을 먼저 떠올리게 되는데 쁘띠 케이크라니?'라고 생각했을 수도 있다. 그러나 몽블랑을 직접 먹어보고는 그때부터는 자신감이 붙은 표정을 띄우기 시작했고 우린 몽블랑 몽쉘 개발에 착수했다. 수차례 맛 테스트를 거쳐 드디어 몽블랑 몽쉘이 마트와 편의점을 통해 발매되기 시작했다. 역사적인 순간이었다. 몽쉘처럼 메가 브랜드와의 협업 제품이 나오는 건 처음이었기 때문이다. 편의점에서 처음 만나는 순간의 감격을 아직 잊을 수 없다.

그런데 왜 몽쉘이었을까? 그들이 로열티를 높여줘서? 아니면 본질인 음식을 함께 만들게 해줘서? 아니면 정말 유명한 브랜드이니까? 물론 앞의 3가지 이유 모두 이번 콜라보를 하는 데 중요한 이유들이었지만 롯데가 모르는 나만의 본질적 이유 한가지가 더 있었다. 그건 바로 고객에 대한 감사의 마음이었다.

나는 종종 콜라보한 제품 발매 날 직접 눈으로 보기 위해 매장을 찾아 실물을 보고 구매한다든가 또는 그 콜라보를 주도한 팀원을 데리고 편의점이나 협업 매장으로 가 그 제품들을 보여주며 사주곤 한다. 그 이유는 내가 만든 제품이 이렇게 나왔다는 것에 대한 감동이 크기 때문이다.

그런데 재미있는 것은 언젠가 한번은 사러 갔더니 나보다 먼저 사러 온 일반 고객이 한 분 계셨다. 바로 발매 날인데 어떻게 알고 이 분은 이렇게 일찍 이곳으로 오셨을까? 심지어 우리 회사 사람도 아니었다. 정말 고객이었다. 그리고 그 제품을 사면서 너무 행복해하는 거 아닌가? 그러자 그 고객과 동행한 친구가 묻는다.

"그렇게 좋냐?"

"그럼! 내가 노티드 얼마나 좋아하는데! 이제 줄 안 서고 여기서도 만날 수 있어!"

그 짧은 대화에 난 많은 생각을 하게 되었다. 또한 당시까지도 난 회사 브랜드의 모든 SNS를 담당자들과 함께 직접 관리하고 있었으며 실제 고객들의 DM을 보고 답변해드리고 응대하는 경우가 많았다. 물론 CS팀도 마케팅팀 인원들도 각자 브랜드가 정해져 있어서 그들이 봐도 되지만 입사 처음부터 가장 중요하게 관리하고 신경 썼던 부분이기에 버릇처럼 봤고, 우리 유저들의 반응 그리고 메시지에서 많은 발전이 있다고 생각해 매번 체크하고 모니터링하는 습관을 유지했다.

그렇게 DM을 보다 보면 지금 가면 구매 가능한지, 어떤 메뉴가 몇 개 남았는지, 예약은 어떻게 해야 하는지, 분실물 중 이건 없는지 등 별별 이야기들이 다 있다. 그런데 노티드의 경우 정말 많았던 메시지 중 하나가 이거였다. "대전은 언제 오픈하나요?" "부산은 언제 오픈하나요?" "인천은 언제 오픈하나요?" 제주가 오픈하고 난 뒤 이런 문의는 더 많아졌고 아직 뚜렷하지 않은 일정과 계획에 기다리는 팬들에게 미안함이 항상 남았다.

그 감사함과 미안함을 항상 마음의 숙제처럼 생각했고 어떻게 전할까 고민하던 중 몽쉘을 만나게 된 것이다. 아직은 매장을 가까운 곳에 만들 순 없지만 대중적이고 널리 알려진 브랜드와의 콜라보 제품을 통해 간접적으로 노티드란 브랜드가 어떤 맛과 이미지를 갖고 있는지를 전국 곳곳 잠재적 고객분들에게 경험하게 해드리는 예고편 같은 느낌이었다. 이미 닳고 닳도록 매장에 찾아온 단골에게는 더 편하고 친숙한 편의점이나 마트에서 만날 수 있는 것이다. 더하여 노티드의 콜라보 제품을 보며 내적 친밀감과 함께 브랜드의 이미지를 새롭게 상기시키는 역할을 했다.

결국 난 몽쉘이란 수단을 통해 더 많은 고객들에게 아직 닿지 못하는 미안함과 이미 친숙하다면 색다른 매력을 그리고 조금 더 친근한 브랜드로서의 경험을 선물해주고 싶었으며 감사제처럼 그들에게 감사를 전하고 싶었다. 당시 판매량도 고객들의 반응도 매우 좋아 만족스러우면서도 다시한번 감사했던 콜라보였다.

콜라보는 왜 하는가? 한몫 단단히 챙기기 위해 하는 브랜드도 있겠지만 콜라보란 재미있는 콘텐츠를 통해 기존 고객들에게는 새로움과 브랜드 환기를, 아직 경험해보지 못한 잠재 고객들에게는 브랜드의 간접적 이해과 친밀도를 만들며 결국 그들에게 앞으로도 우리 브랜드를 꾸준하게 믿고 사랑해 달라는 감사와 사랑을 담은 이벤트가 아닐까?

강연이 끝나고 받은 질문 중 하나에 말문이 막힌 적이 있다. 그 질문은 바로 "실패가 있었나?"이다. 처음에 이 질문을 받았을 때 적지 않게 당황했다. 우선 실패를 물어볼지 몰랐고 그 순간 실패를 떠올리려 뇌를 엄청 돌려도 떠오르는 사례가 없어 어떻게 대답해야 할지 고민하다 횡설수설했던 경험이 있다.

그렇게 이상한 대답을 하고 집으로 돌아가던 길에 '난 어떤 실패를 했었지?' 하고 깊게 고민했다. 나는 강연 중 Q&A를 가장 중요하게 생각하기 때문이다. 나의 이야기를 듣고 돌아오는 질문 중에는 나도 생각지 못한 인사이트가 있는 경우도 많으며 다음 강연에는 이런 부분을 더 보충하면 좋겠다는 지표가 되기도 한다.

집에 도착해서까지 딱히 좋은 사례가 떠오르지 않았다. 심지어 누워서도 자기 전까지 고민했으나 잘 떠오르지 않았다. 그리고 결론을 내

렸다. '난 실패가 없었어!'라고. 누군가는 '대단한 사람이네!' 누군가는 '거짓말하네~'라고 다양하게 생각하겠지만 내 기준 분명 난 실패가 없었다.

실패는 무엇인가? 무엇을 포기하고 본인이 실패라고 결정짓는 순간 그것은 실패가 된다. 그런데 난 그렇게 결정지은 게 하나도 없었다. 물론 판매량이 저조한 제품 또는 흥행하지 못한 콜라보나 이벤트가 실패라면 그건 너무 많다. 그런데 그게 그 순간 질문에서 실패의 사례로 떠오르지 않은 것은 나는 그것을 실패라고 인식하지 않았기 때문이다.

브랜드의 이야기를 할 때 종종 결과론으로 보는 사람들이 있다. 그래서 '그 브랜드가, 그 전략이 성공했냐, 실패했냐?'를 따진다. 우린 관점을 바꿀 필요가 있다. 올림픽에 나가는 선수가 있다고 하자. 그는 자기 인생에서 총 4번의 올림픽에 나갔고 그중 단 한 번만 금메달을 획득했다. 그럼 우린 그를 뭐라고 부르나? 올림픽 금메달리스트이다. 첫 번째 올림픽에서 땄든, 마지막에 땄든 우리는 그를 금메달리스트라고 부르지 한 번만 금메달 딴 실패자라고 하지 않는다.

그렇다. 우리의 작은 실수와 남들이 판단하는 실패는 절대 실패가 아니다. 다음 경기 또는 다음 제품을 위한 경험이자 더 좋은 결과를 만들기 위한 자산이지, 실패로 인식해선 안 된다. 그리고 절대로 한 번에 결론이 나는 경우는 없다.

과거 홍보대행사에 다닐 당시 패션회사 F&F에서 아웃도어 브랜드 '더도어'가 새롭게 런칭해서 내가 홍보를 맡은 적이 있다. 엄청난 자본이 들어간 브랜드임에도 처음에 인기를 끌지 못했다. 그러다 이름을 '디스커버리 익스페디션'으로 바꾸고 나서부터는 엄청난 인기를 만들며 국내 아웃도어 시장에 자타공인 1위의 자리에 등극하였다. 그러나 스타일이나 디자인 무드가 더도어 때와 바뀐 것은 없다. 단지 더 친숙한 라이선스를 활용한 브랜드 이름 말고는 말이다. 그렇다면 더도어는 실패였을까? 난 실패라고 생각하지 않는다. 디스커버리 성공의 발판이자 과정이었다고 생각한다.

우린 일을 하며 크고 작은 문제들에 직면하고 그 안에서 작은 패배와 성공을 경험한다. 하지만 영광스러운 성공을 만들어낸다면 사람들은 성공한 브랜드 또는 사람으로 기억해 준다. 그러나 추락하면 그때는 다시 또 실패한 사람으로 낙인찍는다. 그럼 그 사람은 성공한 사람일까, 실패한 사람일까? 성공과 실패는 다른 사람들이 아닌 본인이 만드는 것이다. 그리고 그 기준을 나는 '포기'라고 생각한다. 스스로 포기하고 놓아버렸는가 아니면 그 경험을 통해 더 발전적인 방법을 찾고 있는가?

난 아직 실패한 적이 없다. 왜냐면 아직 포기한 게 없기 때문이다. 그리고 여러분도 절대 포기하지 않았으면 좋겠다.

Brand + ing

4부

브랜딩도 결국
사람의 일

나와 브랜드의
정체성이 맞는가

나는 15년이란 시간 동안 의, 식, 주 각각 다른 분야의 회사를 경험했다. 일을 하면서 '결국 내가 하고 있던 일들은 마케팅이 아닌 브랜딩이었구나. 그리고 내가 이 일을 엄청 사랑하고 있었구나'라는 생각을 갖게 된 계기가 있다.

2018년, 8년 차 패션 마케터로 일하다 문득 다음 스텝은 무엇일까 고민하게 되었다. 당시 한세라는 회사에서 데님 브랜드의 마케팅 팀장으로 일하며 대기업의 안전한 그늘 아래에서 나쁘지 않은 일상을 이어가고 있었다. 하지만 일하면서도 뭔가 허전하고 두려웠다. 무엇보다 갈증이 있었다.

'무언가 더 트렌디하고 멋진 일을 하고 싶은데 내 브랜드와 나의 결은 맞지 않아!' 하며 회사의 방향성과 나의 방향성이 싱크를 맞추지 못하고 있었다. 그러다 광고 촬영 시즌이 되었고 나는 모델 에이전시에서 컴카드(모델리스트가 있는 책)를 받게 되었다. 리스트 속 정말 새롭고 멋진 인물을 발견해서 광고 모델로 쓰고 싶어졌다. 당시 대표님께 이 친구를 모델로 쓰자고 조르고 졸랐는데 거절당했고, 결국 평소와 비슷한 모델들로 화보를 촬영하게 되었다.

그리고 몇 개월 뒤 티비를 보다 놀라 자빠질 뻔했다. 내가 쓰고 싶었던 모델이 엄청 큰 프로그램의 패널로 나오며 승승장구하는 모습을 봤다. 그때쯤 컴카드를 주었던 에이전시에게 그 친구의 지금 몸값을 물어보니 10배가 뛰어 있었다. 그는 바로 '한현민'이다.

그때 나는 느꼈다. 더 이상 내가 이곳에서 할 수 있는 게 없는 것 아닐까? 어릴 적 자영업을 하는 부모님을 보면서 내 장사와 사업을 상상하곤 했다. 막연하게 들어갔던 경영학부가 군대를 다녀오니 통상과 유통으로 나뉘었고, 결국 통상을 선택했지만 나와 맞지 않았다. 아무것도 모르고 패션홍보대행사에 지원해 시작한 커리어였다. 회사의 정체성과 자신의 정체성을 알고, 결이 맞는 회사에 다니는 것이 얼마나 중요한지를 그제야 깨달은 것이다.

당시에도 전공을 다시 살리고 싶단 생각은 없었다. 지금도 우리 부모님은 자영업을 하시는데 이때쯤 '부모님이 갈비집을 하셨으니 나도 음식점이나 해볼까? 정육점을 운영하시니 고기는 잘 받을 수 있을 것 같고, 고깃집을 하면 조금 도움이 되려나?' 하며 주변에 F&B를 운영하시는 지인분들께 고민 상담을 많이 했었고 그들 중 한 명이 지금 GFFG 대표였다.

종종 이야기를 나누던 중 하루는 갑자기 형이 이런 말을 했다. "준아! 너 요즘 불행해 보여. 불행하게 살지 말고 나랑 즐겁게 일하면서 행복하게 살자~!" 사실 이 말에 눈물이 왈칵 쏟아지려 했지만 눈물 대신 사표를 준비했고, 그렇게 패션 커리어의 종지부를 찍게 되었다.

이름도 없는 회사에 생명력을 넣기까지

2018년 9월 10일 'GFFG'라는 회사명도 없이 작은 가게를 몇 개 보유 중인 자영업자의 회사에 첫 번째 HQ 인원으로 들어가게 되었다. 첫 시작은 청담동 리틀넥 주방 뒤 작은 단칸방 같은 곳으로 내 컴퓨터가 하나 덩그러니 놓여 있었다. 재료를 보관하는 용도의 공간이다 보니 여름에도 매우 선선해 종종 패딩을 입고 일을 해야 했고, 아침에는 프랩(재료 손질 및 선조리)을 하면서 매운 연기나 음식 냄새가 가시질 않았음에도 너무 즐거웠다.

내가 좋아하는 브랜드에서 일할 수 있다는 것과 내가 하고 싶은 것은 무엇이든 하라는 말에 뭔가 신세계가 열린 것만 같았다. 그리고 '여기서 난 마케팅을 해주고 역으로 장사를 배운 뒤 내 가게를 만들어 장사를 하면 아무것도 모르고 장사를 시작하는 것보단 잘 먹고 잘 살겠지?' 하는 막연한 꿈도 생겼다.

그리고 드디어 시작! 하고 싶은 것을 다 하라고 했더니 처음에는 무엇을 먼저 해야 할지 혼란스러웠다. 그렇게 며칠 고민하다 시작한 게 매출 데이터였다. 매일매일 매출 보고가 네이버 밴드를 통해 들어오지만 이것을 정리하고 주간이나 월간 또는 연간으로 등락을 확인하는 데이터가 없었다. 마케터의 기본은 정보 수집과 분석이라 생각하기에 이 작업을 가장 먼저 했다.

다음으로는 포토샵과 일러스트를 배웠다. 이미 조금은 다룰 줄 알았지만 회사가 아닌 가게에 들어가니, 메뉴판 수정부터 POP나 입간판까지 대부분 업체나 내부 디자이너를 통해 지시하고 진행하던 일들이 어느 순간 나의 일이 되었다. 하나하나 엉성하고 부족했지만 내가 직접 만든 결과물들이 매장에 걸리는 것을 보며 그전 회사에서 느끼지 못했던 뿌듯함과 성취의 기쁨들이 점점 더 크게 생겨나기 시작했다.

신나서 일하다 보니 동료들도 매장의 친구들도 내가 일하는 모습을 좋게 봐주기 시작했다. 나를 믿고 따라주기 시작했으며 점점 작은 가게에서 회사의 모습을 갖추어 나갔다. 매일을 장사하기 바빴던 매장에서 일주일에 한 번 매출을 단톡방에 공유하고 왜 매출이 떨어졌는지를 함께 고민하는 회사로 변모했다.

올랐을 때는 함께 축하하며 다음에는 이 정도 매출을 만들어보자고 단기 목표와 방향성을 만들었다. 유기적으로 모두가 각자의 위치에서 브랜드를 더욱 건강하게 성장시키기 위해 제 몫을 해나가다 보니 어느덧 몇백억 매출의 회사로 성장해 나갔다. 입사한 18년에 30억, 19년에 100억, 20년에 300억, 21년에 700억까지! 그때 우린 무서울 게 없었고 무엇보다 함께 성장하고 함께 브랜드를 키워나간다는 것이 각자의 인생에서 모두 행복한 순간들이었다. 그렇게 한 명 한 명의 열정과 노력이 모여 작은 가게들이 회사를 일궈냈고 시장 안에서 주목받는 슈퍼 루키로 등극하게 되었다.

가장 큰 원동력은 가게에서 회사로 바뀌며 명확한 목표를 설정했고, 그 목표를 모두가 공유했고, 상황들을 분석하며 나눴고, 그 목표로 가기 위해 전속력으로 모두가 달렸기 때문이라 생각한다. 인터널 브랜딩 즉 내부 브랜딩이 잘 진행되며 우리 모두가 한마음 한뜻으로 일관된 목소리를 꾸준하게 보여주었기 때문에 그런 멋지고 값진 순간들을 만들 수 있었다. 비전이 같고, 함께하는 것이 즐거운 사람들이 모였을 때 일은 놀이가 되는 법이다.

최고의 팬이자
고객은 직원

지금까지 '단골=팬'의 중요성에 대해 이야기했다. 그런데 우린 아주 중요한 '팬'을 놓치고 있다. 그들은 바로 '직원'이다. 얼마나 우리의 브랜드를 사랑하고 애정하면 그곳에서 일까지 하고 있겠는가? 물론 먹고 살기 위해 어쩔 수 없이 일한다고 말할 가능성이 크겠지만 정작 내 브랜드가 공격당하고 억울한 상황일 때 누구보다 적극적으로 목소리를 내고 브랜드를 지키기 위해 앞장설 사람들이 바로 '직원'이다.

이런 소중한 고객이자 찐팬인 '직원'을 우린 어떻게 대하고 있는가? 대부분의 회사가 직원을 한 명의 고객이자 진짜 우리 브랜드의 팬과 주인이라는 인식보단 도구로 사용한다는 느낌을 많이 받는 것 같다. 말로는 그들을 위한다, 그들이 있어 지금의 우리 브랜드가 있다고 말하지만 속으로는 전혀 그렇게 생각하지 않는 브랜드들도 많이 보았다.

물론 브랜드가 속한 회사는 대표나 지분을 갖고 있는 이사들이 법적 주인은 맞다. 그러나 그들이 주인이라면 당연히 내 브랜드를 사랑하고 아끼는 팬 즉 직원들에게 최상의 서비스와 만족감을 주는 것은 서비스업에 있어 가장 중요한 철칙이다.

이렇게 말하면 그럼 연봉을 많이 주란 건지 아니면 복지를 기가 막히게 해야 한다고 생각하는 대표들도 많은데 지금까지 내 글을 읽었다면 팬과 단골들을 완벽히 우리 편으로 만드는 필살기를 지금쯤 떠올려야 한다. 그렇다. 바로 '기억'해주고 '대접'해주는 것이다.

좋은 연봉, 복지, 상여 물론 다 좋다. 그런데 그것보다도 중요한 것은 직원들을 '대우'해주는 것이다. 그들의 가치관과 사고방식을 듣고 이해하고 개인의 정체성을 존중하며 기억해 주는 것이다. 예를 들어 남자들은 "얼마 주면 군대 다시 갈 거냐?"라는 질문을 서로 하곤 한다. 물론 돈도 매우 중요하다. 그런데 수천만 원을 줘도 군대를 절대 가기 싫어하는 남자들도 더러 있다. 이유가 무엇일까? 아마도 자기 인생에서 가장 끔찍했던 경험 중 하나였기에 그럴 가능성이 높다.

여기에서 시사하는 바는 돈으로 해결이 안 되는 것도 있다는 것이다. 그런데 군대의 기억을 아름다운 추억처럼 기억하며 기회만 되면 난 또 가보고 싶다는 사람도 있다. 그들에게는 군대가 정말 좋았던 기억이기에 누구는 지옥보다 싫어하는 공간이 그들에게는 다시 경험하고 싶은 추억처럼 되는 것이다.

사실 일일이 설명하지 않아도 아마 다들 이미 인지하고 있을 가능성이 크다. 그런데 내 회사 내 직원들에게는 이런 상황과 기억의 중요성을 잘 대입시켜주지 못하는 경우가 많다. "우리 회사는 업계에서 이 정도면 정말 많이 주는 편인데? 나만큼 잘해주는 대표가 어디 있어?"라는 말들을 하며 직원들을 이해 못하겠다고 한다. 그럼 당신께 반문하겠다. 잘해준 거 말고 그 직원의 취향이 무엇인지는 아시나요? 어떤 것을 좋아하고 어떤 가치관을 갖고 살아가는지 그리고 일에 있어 어떤 직업관과 윤리 의식을 갖고 일에 임하는지 물어본 적은 있나요?

직원에게 영광을 돌려주자

우린 직원들에 대해 너무 잘 안다는 착각 속에 살고 있다. 하지만 관점을 바꿔 직원이란 단어를 지우고 '팬' 또는 '단골'이란 단어로 바꿔 그들을 어떻게 대할지를 생각한다면 정답은 간단하다. 진정성 있게 진심으로 대해야 하는 것이다. 나는 우스갯소리로 종종 다음과 같이 말하곤 한다. "어차피 돈은 대표님이 가장 많이 벌잖아요? 그럼 좀 직원들에게 영광과 명예는 양보하세요. 그리고 그거 양보한다고 그 영광과 명예를 직원들에게 빼앗기는 게 아니라 다 대표님 것 됩니다."

직원을 이해하고 권한을 나누고 책임 의식을 만들어주면서 그들이 일에 대한 만족감을 더욱 느끼게 명예와 영광을 나누자. 그들이 혼란스럽고 힘들 때 누구보다 이해해 줄 수 있는 조직문화를 갖추고 항상 따뜻하게 그리고 정성스럽게 대하자. 우리 브랜드의 단골들을 대하듯 그들의 이야기에 집중해주고 반응해주면 어떤 직원이 불만이 생기겠는가? 더 나아가 내 브랜드의 신제품을 누구보다 먼저 테스트하고 경험하며 우리 브랜드의 장점부터 단점까지 너무 잘 알고 있는 가장 중요한 고객이자 단골에게 어떻게 대접하고 얼마나 중요하게 생각하는지 되돌아보길 바란다.

장사는 혼자 성장할 수 있다. 하지만 사업이 되고 조직이 된다면 더 이상 혼자만의 성장으론 한계가 있다. 이 시점의 성장은 조직원들 모두와 함께 성장해야 하며 즉 직원들의 성장이 바로 우리 조직과 브랜드의 성장이라고 말할 수 있는 것이다. 그러기 위해서는 직원들이 충분한 역량을 펼치고 개발할 수 있는 놀이터 같은 구조를 만들어야 한다. 내 브랜드를 정말 좋아해서가 아닌 돈을 벌기 위한 수단으로 일하는 것 같다면 자신의 일에 더욱 만족하고 브랜드를 애정할 수 있도록 만들어야 한다.

우리 브랜드의 최고의 팬이자 가장 중요한 고객 중 하나인 직원들의 마음도 잡지 못하는 브랜드가 과연 다른 고객들의 마음을 공감시키고 설득시킬 수 있겠는가? 직원들을 가장 중요한 고객들로 바꾸어 생각하면 보이지 않던 것들이 보이기 시작하며 그들을 설득하고 교감할수록 점점 더 단단해지는 브랜드를 만나게 될 것이다.

모두가 같은 목소리를
내고 있는가

앞에서 우린 가장 중요한 고객이자 '팬'인 직원들의 중요성에 대해 이야기 나눴다. 이제 직원들의 중요성을 알았으니 어떻게 그들과 공감하고 유대하며 브랜드를 더욱 건강하게 성장시키기 위해 어떤 노력들을 해야 하는지 알아보자.

브랜딩에서는 직원들과 회사 내부 인원들을 대상으로 진행하는 브랜딩을 '인터널 브랜딩(internal branding)'이라 부른다. 무언가 전략이나 기술 같아 보이지만 이번에도 결국 사람들을 설득하고 공감시키며 이해시키는 과정임에는 변화가 없다. 그러나 소비를 목적으로 제품이나 서비스를 구매하는 일반 고객들과는 다르게 직원들을 위한 브랜딩은 그보다 더 어렵고 까다롭다고 생각된다.

그 이유는 바로 생각을 하나로 맞춰야 하기 때문이다. 소비자에게는 우리 제품이 그들의 일상 중 어떻게든 본인이 만족스럽게 쓰이기만 하면 되며 그것이 꼭 우리의 생각과는 무조건적으로 맞을 필요는 없다. 그런데 그런 서비스와 제품을 판매하고 알리는 직원들이 우리의 서비스와 제품을 갖고 서로 다르게 해석하고 다르게 홍보하고 다닌다면 어떻게 될까? 아마도 고객들까지 이 제품의 원래 의미와 방식을 서로 다르게 이해하고 혼란스러워하며 브랜드의 정체성이 흔들리는 결과까지 초래할 수 있다.

예를 들어 생각해보자. 나는 〈강철부대〉라는 쇼 프로그램을 좋아하는데 최정예 부대 출신의 사람들이 나와 어느 부대가 가장 강력한 부대인지를 겨루는 흥미로운 프로그램이다. 그런 프로에서 수중 미션 진행 시 부대원들이 배를 타고 어느 목표까지 나아가기 위해서는 함께 같은 방향으로 노를 저어 나아가야 한다. 그런데 누군가 한 명이 다른 방향이거나 혹은 너무 세든가 혹은 약하다면 배의 머리는 엉뚱한 곳으로 방향을 틀며 원하는 방향으로 나가기 어려워진다.

여기서 우리가 집중해야 하는 내부 브랜딩에 중요한 포

인트가 하나 있다. 바로 내부 브랜딩은 땅이 아닌 물 위의 보트와도 같다는 것이다. 브랜딩을 이야기할 때 우린 종종 방향성을 정하고 그 방향으로 달려가면 된다고 생각을 많이 한다. 그러나 브랜딩을 해야 하는 상황과 환경이 어떨지는 잘 생각하지 않는 경우가 많다.

매번 난 방향을 정하고 전력질주를 했지만 이상하게 다른 방향으로 간다든가, 생각했던 속도보다 항상 늦는 것이 이해가 되지 않았다. 나의 전략과 방식이 잘못되었는가? 매번 체크하고 다시 확인했지만 특이점을 찾지 못했었다. 그러다 어느 순간 '맞아!' 하면서 알게 되었다. 내가 환경설정을 너무 쉽게 잡은 게 아닐까? 사람의 마음을 움직이고 설득시키며 공감하는 것은 마치 수학문제를 푸는 것처럼 명쾌하지 않다. 그리고 딱딱한 바닥을 한 걸음 한 걸음 나아가는 길도 아니다.

모두가 같은 방향을 보고 있는가

오히려 〈강철부대〉의 미션처럼 어디로 갈지 모르는 물길이나 발이 푹푹 들어가고 미끄러운 눈길과 더 흡사한 게 아닌

가 생각된다. 물길은 물의 방향부터 바람 그리고 파도의 양에 따라 너무 많은 것들을 신경 써야 하고 더욱 세밀하게 함께 호흡하며 나아가야 한다. 누구 하나 다른 방향으로 노를 젓거나 노를 젓는 힘이 맞지 않다면 여지없이 원하지 않는 방향으로 흘러가게 된다. 그렇기에 같은 방향을 보고 함께 나아가는 것이 정말 중요하다. 그리고 그런 상황에 또 중요한 한 가지가 있는데 바로 리더이다.

어디서 문제가 있어 뱃머리가 엉뚱한 방향으로 틀어지는지, 누가 힘의 균형을 잘 맞추지 못하는지 그리고 지쳤지만 그래도 끝까지 힘을 쥐어짜내서 결국 목표를 달성하게 만드는 모든 과정들을 리더가 책임져야 한다. 결국 승리는 함께 나누지만 실패의 책임은 리더가 가장 무겁게 지어야 하는 것이다.

그런데 보통의 회사들은 과연 그런가? 내부 브랜딩을 HR이나 인사팀 정도에 위임하고 그들이 하는 업무 정도로 생각하고 있진 않은가? 그래, 100번 양보해 그럴 수 있다. 그런데 인사팀은 과연 우리 회사의 명확한 방향성을 이해하고 있는가? 검증은 해봤는가?

보통 이런 실수와 문제는 직원들을 나와 함께 우리 브랜드를 성장시키는 중요한 동반자나 파트너로 생각지 않고 단순 인력으로만 생각하는 문제에서 시작된다. 단순히 인력으로만 생각하다 보니 굳이 우리 회사의 중요한 비전과 방향을 공유할 이유를 찾지 못하는 것이며 그렇게 결승 지점을 고지받지 못한 직원들은 큰 보트 안에서 여기저기 다른 방향으로 노를 저어가게 되며 우리 보트는 앞으로 나아가지 못하게 되는 것이다.

다시 한번 회사의 리더들에게 묻겠다. 우리 브랜드의 내부 브랜딩 방향성에 있어 환경 설정을 너무 평평한 땅으로 잡아두진 않았는가? 모두가 같은 방향을 보며 노를 저을 수 있도록 지속적으로 방향과 힘을 설정해 주고 있는가? '내부 브랜딩'은 이것을 먼저 설정하는 것에서부터 시작한다.

어떻게 하면 모두가 하나처럼 같은 생각을 할 수 있을까? 각자 머릿속에 어떤 방법들이 떠오르는 사람도 있을 것이고 전혀 방법이 떠오르지 않는 사람들도 있을 것이다. 그래서 내 나름대로의 방식을 먼저 이야기해 보려 한다.

회식의 중요성

회식? 벌써부터 불편한 사람들이 많을 수 있다. 불편한 사람들과 불편하게 잔소리 듣고 또는 수발들어가며 내 소중한 퇴근 후 시간까지 빼앗기며 업무의 연장선 같은 회식 자리… 이렇게 생각하는 사람도 있겠지만 반대로 이런 회식을 기다리는 직원들도 생각보다 많다.

회식을 기다리는 직원들은 상급자나 리더일 것이라고 생각한다면 그건 오산이다. 리더들 입장에서도 자신의 시간은 소중하고 특별하다. 솔직히 리더도 회식을 하고 싶지 않다. 그 시간에 조금 더 쉬든지 아니면 일을 하는 게 더 좋다고 생각하는 리더도 분명 있다. 그렇다면 도대체 누가 회식을 기다리는 것일까? 그건 바로 서로 마음이 통하고 하나의 생각으로 맞춰져가고 있는 조직일수록 리더부터 막내까지 회식을 두려워하지 않고 오히려 더 많이 해달라고 요청한다.

신기하지 않은가? 그들은 왜 회식을 원하는 것일까? 물론 회삿돈으로 오래간만에 고기나 다른 음식을 푸짐하게 먹을 수 있는 것도 맞겠지만 그보단 교감할 수 있는 것이 그들에게 정말 중요한 부분이었을 것이라 생각한다. 내가 좋아하는 직장 동료 또는 선배, 멘토 같은 대표님과 운영진들을 보며 인생에 대해 묻고 자신의 일에서 성장하는 방법에 대해 물으며 팀워크를 쌓고 유대를 만들며 교감하고 단합하는 것, 그것이 회식의 참된 의미이자 올바른 목적이다.

그렇다면 우리의 회식은 그런 방향으로 잘 진행되고 있는가? 그렇지 못하다면 왜 그렇지 못한지 이유는 파악했는가? 그 이유를 찾아야 하며 그 이유를 바꾸어 직원들 한 명한 명이 더 회식을 참여하고 즐길 수 있도록 그리고 그 안에서 유대하며 소속감을 강하게 느낄 수 있게 만들어주는 것이 매우 중요하다.

GFFG에 재직 초창기 당시 GFFG라는 이름도 없는 5개 매장을 운영하는 개인사업자의 장사 정도일 때 거의 매주 회식이 있었다. 그것도 그럴 것이 1매장 당 한 달에 1번 회식이지만 매장이 5개다 보니 나와 대표는 매주 회식이 끊이지 않았다. 솔직히 매번 가기 힘들었다. 가면 오래간만에 본다며 짓궂은 녀석들은 술을 많이 권하기도 하였다.

그런데 가기 전까진 그렇게 가기 싫었던 회식이었지만 가고 나면 역시 가길 잘했다는 생각을 하게 된다. 그 이유는 함께 회식하는 친구들의 눈빛에 답이 있었다. 한 매장당 10~15명 정도밖에 안 되는 작은 조직들로 이뤄져 있었지만 당시 GFFG는 아르바이트가 없는 전부 정직원 체제였다. 모두가 요식의 꿈을 갖고 입사해 요리와 서비스를 배우며 언젠가는 대표처럼 자신의 브랜드와 매장을 만들기를 꿈꾸는 사람들이었다.

그러다 보니 대표를 자신의 롤모델로 조금 더 과장하자면 영웅처럼 생각하는 친구들도 있을 정도였다. 거기에 인플루언서라고 매번 대표가 소개하고 대단한 친구라고 나를 너무 띄워놓은 나머지 함께 일하는 친구들에게 나도 엄청 대단한 사람처럼 보였던 것 같다.

회식에 가면 "SNS는 어떻게 운영해야 하나요?" "저희 브랜드 이런 이벤트는 어떨까요?" "저희 매장 촬영은 또 언제 오시나요?" 등 항상 질문이 계속해서 이어졌다. 술잔을 나누다 보면 인생에 대한 물음부터 개인적인 고민이나 연애 상담 등 별별 이야기가 끊이지 않고 나왔다.

그렇게 함께 이야기 나누며 처음에는 팀장님으로 시작된 호칭이 어느 순간 형님이 되고, 업무 이야기가 아닌 사적인 안부를 묻고 나눌 정도로 사이가 친밀해졌다. 당시 전 직원이 50명 정도 되었던 것 같은데 전체 직원이 100명이 될 때까지 전 인원의 이름과 얼굴을 다 기억할 수 있었던 이유가 바로 회식 때문이었다.

이후 매장 수도 직원도 점점 늘어나며 회식을 잘 참여하지 못하게 되었다. 코로나와 함께 회식이 중단되자 이후부터 매장에 가도 이름도 얼굴도 모르는 직원들이 생겨났고, 어느 때에는 매장에 가도 나를 모르는 직원도 생겨나기 시작했다. 그때쯤부터였나? 더 이상 우리가 하나의 목소리를 내고 있는가 고민이 많아지던 시점이었던 것 같다.

매출과 비전을 공유하고 모두가 보는 앞에서 포상하라

어느 순간 회식은 거의 없어졌고 본사 HQ 인원만 50명이 넘어 본사 사람들 중에서도 같이 밥을 먹었던 사람과 아직 못 먹어 본 사람이 나뉠 정도로 조직이 커져갔다. 이때부터는 물리적으로 모든 회식에 참여해 직원들의 목소리를 듣고 같은 생각들을 할 수 있게 방향을 잡아준다는 게 불가능해지는 시점에 다다랐다.

그때쯤 회사에서 나온 전략이 '타운홀 미팅'이었다. 월초 HQ 전 직원이 모여 한 달간 실적 및 매출, 우수사원, 회사 내 이슈 및 신규 프로젝트를 공유하고 나누는 미팅이었다. 난 이 미팅에 대해 처음에는 부정적인 시각이었다. 이 많은 사람의 귀한 시간을 우리들끼리의 파티로 쓰는 것과 이것을 준비하기 위해 만들어지는 자료들과 다과 및 과정들이 전혀 효율적으로 보이지 않았다.

그런데 한두 번 이후에는 생각을 바꾸게 되었고 모든 회사에 이런 프로그램이 있다면 참 좋을 것이라는 생각을 하게 되었다. 그 첫 번째 이유는 매출 공유이다. 난 당연히 모든 직원들이 회사와 매출에 대한 규모를 알 것이라고 생각했는데 그 미팅에서 공유되는 매출의 규모를 보고 놀라는 직원들의 표정을 심심치 않게 보았다. 그 표정을 보며 '저들은 우리 회사가 얼마나 성장하고 있었는지 이전에 체감을 하고 있었을까?'라는 의문과 함께 '회사의 성장을 같이 그리지 못하면 저들은 어떤 비전을 갖고 회사에 다닐까?'라는 생각을 하게 되었다.

두 번째는 비전 공유이다. 회사의 규모를 어떻게 키워나갈 것인지, 어디에 새로운 매장을 오픈할 것인지, 어떤 브랜드와 콜라보를 진행하며 전개해 나갈 것인지 각 관련된 부서들은 당연히 알고 있는 내용이다. 하지만 이와 관련 없는 부서들은 그 미팅에서 진행된 사항들과 방향을 처음 접하게 되며 놀라워도 하고 신기해하기도 하는 눈빛들이었다. 잊을 수가 없는 그 눈빛들은 어디선가 많이 봤던 눈빛이었는데 바로 회식 때 나를 보며 우리 회사의 성장에 놀라고 즐거워하던 직원들의 눈빛이었다.

회식처럼 뭔가 맨투맨 같고 조금 더 열려있는 상황에서만 직원들의 마음을 열고 공감을 만들기 더 쉽다고 생각했는데 술 한 잔 안 마시고 단체 미팅으로 그런 순간과 비전을 만들어준 것이다. 이 순간 나의 사고가 매우 편협했다는 생각을 하게 되었고 어떻게 하면 회사의 비전과 방향을 직원들에게 공유하고 함께 같은 꿈을 꾸게 만들 수 있을지를 더 많이 생각하게 만든 계기가 되었다.

마지막 세 번째는 우수사원 발표 및 포상이었다. 누군가는 포상에 더 집중할 수도 있겠지만 그보단 나는 발표가 더 중요하다고 생각한다. 우리 어릴 적 학교에서 어떻게든 작은 상이라도 한 번씩은 받는 경험을 한다. 그렇기에 상장이 엄청 특별하게 느껴지지 않기도 할 것이다. 그런데 사회에 나온 뒤 상을 받아본 경험이 있는 사람을 찾으려 한다면 생각보다 찾기 어려운 경향이 있다. 이건 아마도 상이라는 것이 사회에서는 주려는 상의 종류도 기회도 적기 때문일 가능성도 크며, 사회에서는 등수로 평가를 잘 안 하기 때문에 상장을 주고받을 명분도 적기 때문일 것이다.

그러나 난 우수사원을 선발하고 그들을 포상하는 것은 매우 중요한 장치 중 하나라고 생각한다. 특히, 선발하고 조용히 포상만 주는 것이 아닌 모두가 다 보는 앞에서 포상하는 것이 매우 중요한 포인트이다. 그 이유는 그런 행위를 통해 상을 받은 포상자는 회사에 자긍심을 갖고 더 열심히 하기 위해 노력할 것이며 누군가는 그런 그처럼 되기 위해 더욱 열심히 할 것이기 때문이다.

물론 이런 순간에도 크게 관심이 없는 직원들도 분명 있을 것이다. 그런데 그런 직원들까지 한 번에 바꾸기 위한 전략이 아닌 한 명 한 명 더 회사에 몰두하고 애정을 가질 수 있도록 만들어주는 것이 매우 중요하며 그렇게 점점 더 깊어질수록 크게 관심이 없던 직원들도 따라오게 된다.

앞서 고객들과의 유대 방식에서도 설명했듯이, 한 번 설득으로 끝나는 것이 아니라 연애하듯 꾸준히 애정과 관심을 주어야 지속적으로 우리 브랜드를 아끼고 사랑해주는 진짜 단골이 생기는 것처럼 직원 역시 마찬가지이다. 과거 빛나던 직원도 오랜 시간 회사 안에서 방치되면 그 빛을 잃고 월급루팡으로 변모하는 경우가 있다.

이것을 막기 위해서 그 직원의 지속적 헌신에 감사하고 알려야 하며 회사도 여전히 널 기억하고 너의 노력을 잘 알고 있다고 말해줘야 하는 것이다. 그리고 이런 포상은 작은 목표를 만들기도 한다. 다음에는 저 자리에 내가 서야겠다는 생각 또는 이 자리를 지키겠다는 생각처럼 작은 목표 의식을 고양시키며 선의의 경쟁을 만들어낸다.

지금까지 이야기에 "에이! 그걸 누가 모르겠는가?" 하겠지만 생각보다 알면서도 포상과 칭찬을 해주는 회사는 많지 않다. 하더라도 포상을 어떻게 해야 할지에 더 집중하고 실제 포상만 전달하며 누가 우수사원이 되었는지 잘 고지가 안 되는 경우도 많다. 그런데 어떤 포상인지도 당연히 중요하겠지만 그보단 뻑적지근하게 훌륭한 업적을 해낸 우리 동료와 직원을 함께 박수 쳐주고 축하해주는 순간을 만들어준다면 그것을 받는 당사자에게도 그런 자리에 가고 싶은 누군가에게도 충분히 동기부여가 되는 순간이 아닐까 한다.

직원을 이해하고 있는가

회사는 인사고과나 퍼포먼스 리뷰를 통해 직원들을 평가하고 문제를 찾고 직원의 생각을 읽으려 한다. 그런데 나의 연봉이나 승진과 연결된 평가에서 과연 솔직한 이야기들이 나올 수 있을까? 심지어 업무의 루틴처럼 진행하다 보니 1~2일 전 메일로 보내놓고 당장 평가하라는 식의 평가 요청들도 허다하다. 누군가의 연봉을 아니면 인생을 판단할 수 있는 중요한 평가를 우린 너무 쉽고도 귀찮게 하고 있진 않은가? 또는 회사에서는 이런 중요한 평가를 너무 쉽게 생각하고 있진 않을까?

매번 난 이런 평가와 방식이 불만족스러웠다. 등급을 만들기 위한 수단으로만 보였으며 질문 하나하나에 회사가 원하는 내용들만 있었지 정작 직원을 위한 물음이나 그의 상태 또는 생각을 묻는 질문은 찾아보기 힘들었다.

그러다 GFFG 퇴사 후 이직했던 '여덟끼니'에서 이런 평가에 대한 새로운 방향을 찾게 되었다. 당시 함께 일하던 김경훈 이사는 아마존이라는 세계적인 기업에서 근무하다가 여덟끼니로 합류한 인원이었다. 그는 항상 이성적이었으며 정용한 대표님과 함께 정말 좋은 리더 중 한 명이었다. 그런 그가 아마존에서부터 경험하다 여덟끼니에 적용한 리뷰 프로그램이 있었으니 바로 IDP(Individual Development Plan)이다.

보통의 퍼포먼스 리뷰처럼 보이는 이 설문은 다른 사람이 날 평가하는 것이 아닌 나 스스로 나의 강점과 약점을 적고 거기에 점수까지 산출하게 하는 방식으로 익숙하고 뻔한 것 같지만 기존의 것들과 몇 가지 다른 점이 있었다. 그중에 하나가 2번 문항이다. IDP에서는 첫 번째 질문에 어떻게 살아왔는지 자신의 서사를 묻고 2번에서는 자신이 일을 함에 있어 어떤 가치관과 주안점을 두는지를 묻는다. 지금까지 누군가를 평가하고 나 스스로를 평가할 때도 잘한 것, 못한 것을 적은 적은 있었지만 내 직업적 윤리와 가치관을 묻는 질문은 처음이었다.

처음으로 내가 내 일에 대해 어떤 가치관을 갖고 임하는 지를 차근차근 생각해 보는 순간이 되었다. 지금 업무에서 어떤 만족을 느끼고 행복을 느끼는지 그 사람의 성향과 원하는 바를 진솔하게 본인의 입으로 들을 수 있다는 장점이 있다. 누군가는 일을 통해 생계가 목적일 수도 있고 누군가는 자신의 회사를 만들기 위한 기틀일 수 있기 때문이다.

심지어 이 평가는 인사고과나 연봉에 영향을 주지 않으며 멘토로 생각하는 리더가 직접 읽고 충분히 생각한 후 이에 대한 솔루션을 면담해주며 함께 성장하는 구조를 만드는 게 핵심이다. 그러다 보니 작성하는 시간도 매우 충분히 제공되며 전달한 후 멘토도 하루 이틀 고민하는 게 아닌 상당히 많은 시간을 여유있게 다각적으로 고민한 후 작성자와 면담하며 솔루션을 제공해 준다.

어쩌면 위에서 말했던 회식에서의 멘토링과도, 타운홀에서의 비전 싱크를 1:1로 해주는 것과도 같은 효과를 볼 수 있다. 그렇게 직업적 가치관과 삶의 윤리를 통해 직원을 하나의 존재로서 이해하고 사람으로서 존중하게 된다. 그 이후 그가 스스로 평가한 잘한 점과 잘못한 점들을 들으며 조언해주고 마지막 1, 5, 10년의 목표를 통해 그가 어떻게 성장해 나갈지에 대한 도움을 주는 것이 이 프로그램의 주된 목적인 것이다.

만약 이 평가가 연봉이나 인사에 영향이 간다고 해보자, 그럼 "10년 뒤 너의 목표는 뭐냐?"라고 물었을 때 지금 회사가 아닌 자신의 회사를 만드는 게 목표인 사람도 과연 그것을 적을 수 있을까? 인사를 위해 지금 회사에 충성을 다하겠다는 충성 선언문이 될 가능성이 너무 크다. 그런데 이런 평가를 전부 빼고 직원 자체에 몰입해 그를 이해하고 도와주려는 방식은 직원 자체의 성장은 물론 그를 더 이해하는 데 큰 도움을 준다.

그리고 IDP는 이것으로 끝이 아니다. 1, 5, 10년의 목표를 물은 뒤 그 목표를 위해 회사가 어떤 부분으로 서포팅과 도움을 줄지 요청하는 부분으로 이 설문은 끝을 맺게 된다. 이런 질문 하나가 직원들로 하여금 직원을 배려하고 회사가 회사만의 성장이 아닌 직원과 함께 성장하기를 원한다는 안도감과 소속감을 주게 된다. 거기에 그들이 제안한 서포팅을 회사가 실제로 도와줄 수 있다면 그 직원과 함께 회사도 더욱 성장할 수 있을 것이다.

함께 한 목소리를 냈을 때

보통 인재를 육성한 후 좋은 인재를 잃는 것에 대해 회사들은 많은 두려움을 갖고 있으며 그렇게 떠난 인재들을 배신자라고 낙인까지 찍는 조직도 있다. 그런데 난 배신이 아닌 졸업이라고 생각한다. 그리고 그렇게 졸업해서 잘 성장한 직원들이 우리 회사에 어떤 조력자가 될지는 시간이 지나야 알 수 있다. 유능한 인재를 떠나보내지 않고 지속적으로 오래오래 소속하게 만드는 것도 중요하지만 그들을 어떻게 떠나보내고 있는 동안 얼마나 성장시키며 내 브랜드에 도움이 되게 만드는 것도 매우 중요하다. 그리고 지속적으로 인재는 길러내는 것이지 인재를 만들었다고 끝인 게 아니다.

매번 브랜딩을 이야기하면서 지속적으로 강조하는 부분은 바로 브랜딩도 유기체처럼 성장하고 변화하고 있다는 것이다. 뭔가 퍼즐처럼 조각조각 맞추고 나면 끝나고 다른 조각을 맞추기만 한다면 얼마나 좋을까? 이상하게도 브랜딩이란 퍼즐은 이곳을 맞추고 있다 보면 원래 맞춰 두었던 퍼즐들이 살아있는 것처럼 다시 헝클어져 있고 다시 그곳을 맞추다 보면 원래 맞추고 있던 곳이 다시 헝클어져 있다. 그렇기 때문에 더 헝클어지기 전에 수시로 확인을 해줘야 하고 잘 풀리지 않도록 단단히 끼워놓는 게 매우 중요하다.

보통 브랜딩에 실패하는 이유는 기가 막힌 전략이나 기술을 구사하지 못해서가 아니라 결국 유지하지 못해서가 더 많다. 매번 말이 달라지는 사람을 보며 그 사람을 신뢰하지 않듯 매번 바뀌는 브랜드의 방향과 정체성에 신뢰할 고객은 없다. 그리고 그것은 내부 직원도 마찬가지다. 온갖 좋은 복지와 연봉 그리고 환경이 있다 한들 직원들에게 뚜렷한 비전과 일관된 모습을 보여주지 못한다면 결국 직원들은 불안하게 될 것이고 회사에 대한 신뢰와 믿음을 잃게 될 것이다. 그렇기 때문에 명확한 방향성을 선정하고 그 방향에 맞춰 직원들 한 명 한 명이 모두 같은 방향으로 나아갈 수 있게 지속적으로 관리하고 유지하여야 한다.

지금까지 하나의 팀을 만들고 하나의 목소리 즉 생각을 만들어야 하는 이유와 몇 가지 방식들에 대해서 알아보았다. 어쩌면 다 아는 이야기일 수도 있지만 지금의 이야기는 백번 아니 만 번을 강조해도 부족하지 않은 중요한 부분이다.

〈엑시트〉라는 영화를 보면 재난 상황에서 옥상에 모여 구조 헬기를 가리키며 함께 한 방향으로 핸드폰 플래시를 쏘며 "따따따 따 따따따!"라는 구호를 함께 외친다. 그리고 결국 그 구호와 불빛을 보고 헬기가 구조를 오게 된다. 우리 조직이 바로 재난 상황에서 옥상에 갇힌 그들이라고 생각해보자. 서로 사방팔방 뛰어다니며 "살려주세요!" 소리를 지르고 여러 방향으로 핸드폰을 흔들어 댄다면 과연 구조될 확률이 더 높을까?

함께 명확한 방향을 지정하고 소리를 동시에 내야 더 멀리 갈 수 있다. 하나의 나무젓가락은 쉽게 부러지지만 10개 아니 20개 점점 많아질수록 잘 부러지지 않으며 결국 부술 수 없게 된다. 그것이 원팀 원씽의 힘인 것이다.

잠옷을 만든
이유

GFFG에서 내가 리딩했던 콜라보 중 스파오와 함께 했던, 당시 GFFG 전 브랜드(다운타우너, 리틀넥, 노티드, 호족반, 클랩피자, 웍서너리) 파자마 콜라보가 기억에 많이 남는다. 진행했던 콜라보 하나하나가 기억에 많이 남고 다 특별하지만 스파오 파자마 콜라보를 꼽는 이유는 나에게 있어서 특별한 의미가 있기 때문이다.

처음에는 이런 의미를 다른 사람들이 그렇게 궁금해할지 몰랐으나 패션과 관련된 강연에 가면 종종 스파오 콜라보에 대한 질문이 나오곤 했다. 그리고 그 질문은 이러하였다. "다양한 패션 브랜드도 많은데 전 브랜드가 움직인 대형 콜라보에 왜 스파오였는가? 그리고 왜 잠옷이었는가?"이다.

스파오를 선택한 이유는 명확하지 않아도 '잠옷'을 선택한 이유는 명확하게 있었다. GFFG 재직 당시 무수한 브랜드에서 콜라보 제안이 들어왔다. 그런 콜라보 제안 중 패션 브랜드의 협업 요청도 적지 않게 있었는데 어느 날 스파오에서 콜라보 제안이 온 것이다. 처음에는 여느 때처럼 우리 브랜드와 맞지 않는다며 거절 메일을 보낼까 싶었지만 잠옷 협업이라는 내용에 팀원들에게 물었다.

"스파오 잠옷이 유명하니?"

"그럼요, 가성비 좋기로 유명해요!"

흠⋯. 그때부터 고민하기 시작했다. 그리고 우선은 만나서 이야기를 해보자고 판단하고 미팅 진행 회신을 하였다. 그렇게 시작된 협업 미팅에서 그들은 역시나 우리 IP를 활용한 잠옷 제작을 제안했고, 그에 대한 보상으로 바터(제품 제공)를 원했다. 하지만 당시 모든 콜라보는 적더라도 로열티를 받자라는 게 우리의 기조였고 예외는 없었다.

내가 내건 조건은 이것이었다. 바터 수량은 당시 GFFG 임직원(매장직 포함) 전체 인원이 대략 700명 정도 되었는데 전 직원이 각자 자신이 종사하는 브랜드의 잠옷을 받을 수 있도록 제공해 줄 것과 적지만 우리에게 오는 로열티와 이랜드 측도 조금 더 돈을 더하여 같이 기부를 하자는 조건이었다. 감사하게도 스파오 측에서 이것을 받아들였고 새벽에 재미있게 룩북과 영상을 촬영하고 제품들을 받아 전 직원에게 선물했던 기억이 있다.

사실 이번 콜라보는 대외적으로 우리 브랜드 제품이 출시되어 고객들에게 알리는 것도 목적이었지만 내부 직원들에게 잠옷을 선물해주는 것이 가장 큰 목적으로 내부 브랜딩을 위한 나만의 작은 전략이었다.

직원과 어떤 관계를 맺을 것인가

어떻게 하면 더욱 브랜드에 대한 애착과 자긍심을 만들어줄 수 있을지에 대한 고민은 한 명의 운영자로서 그리고 리더로서 내가 항상 갖고 있던 고민이자 숙제였다. 그리고 스파오에서 잠옷 협업에 대한 제안 메일을 보면서 과거 대표와 지인이던 시절 서로 생일에 잠옷을 선물해주며 나눴던 추억이 생각났다. 직원들이 고된 하루를 마치고 안락한 자신만의 공간으로 돌아가 보내는 휴식 시간에도 자신이 일하는 브랜드를 생각하고 자긍심을 갖길 원했다.

흔히 3D 업종이라 불리는 요식업에서 대형 브랜드와 콜라보를 해서 이런 제품이 나올 정도로 꽤 대단한 브랜드에 소속되어 있음을 느끼게 해주고 싶었다. 더 나아가 매 순간 고생하고 우리 브랜드가 존재하는 데 가장 큰 몫을 한 임직원들에 대한 존경과 감사의 마음을 전하고 싶었으며, 그런 내가 줄 수 있는 작은 선물이 바로 스파오 콜라보 잠옷이었다.

앞에서 말했듯 브랜딩에 있어 기억시키고 상기시키는 것은 매우 중요한 역할을 한다. 그런데 하루를 마무리하고 집으로 돌아가 내가 일하는 브랜드의 잠옷을 입고 양치를 하며 거울로 브랜드의 로고를 보고 잠들고 다시 일어나 하루의 시작을 브랜드의 로고가 들어간 잠옷과 함께한다면! 햄버거나 도넛을 만드는 작은 가게가 아닌 세계적인 또는 대한민국 안에서라도 대단한 브랜드들과 함께 협업할 정도로 유명한 회사의 일원으로 이런 선물과 대접까지 받을 수 있다면! 과연 직원들은 회사를 어떻게 인식하고 어떻게 생각할까? 정말 감사를 담은 선물이기도 했지만 브랜드에 대한 자긍심과 애사심을 더욱 높이는 장치이기도 한 것이다.

당시 너무 키나 몸이 큰 친구들은 빼고 전부 자신이 일하는 브랜드의 잠옷을 선물 받았으며 맞지 않는 친구들도 자신의 여자친구 또는 부모님에게 선물하기 위해 받아 갔다. 그리고 실제 추가 구매해 브랜드별로 입는 친구도 있었으며 절대 맞지 않을 것 같은 체형의 친구들도 작지만 그래도 입고 싶은 마음에 억지로 입고 집에서 지낸다는 우스갯소리까지 나왔다. 그리고 어떤 친구들은 나의 마음이 잘 닿았는지 이런 잠옷을 기획하고 선물해 주셔서 너무 감사하다는 연락도 많이 왔다. 가장 감동스러울 때는 그러고 시간이 몇 년 지났음에도 종종 그 잠옷을 인증하는 친구들도, 같이 놀러 가면 챙겨와 찢어진 부위를 누벼 입는 친구들도 아직 있다는 것이다.

과연 그 친구들이 돈이 없어 다 낡은 잠옷을 누벼 입겠는가? 난 그렇지 않다고 생각한다. 그때의 감정과 열정이 그 잠옷에 담겨 있고 서로 마음을 나누고 교감했기 때문일 것이다. 내부 브랜딩도 결국 사람의 마음을 얻고 공감하는 것이다. 직원들이 어떻게 더 열심히 일하게 만들까를 고민하기 전에 우린 그들을 존중해주고 있고 우리 브랜드를 위해 헌신하고 있는 그들을 위해 감사를 표현하고 있는가를 항상 고민해야 한다. 그리고 그 마음을 잘 전할 때 비로소 회사와 그 구성원 모두가 싱크되며 서로 존중하고 존중받는 가장 이상적인 구조를 완성할 수 있다.

브랜딩은 우리가 매해 똑같이 만드는 새해 목표 같다. 분명 할 수 있는데 귀찮고 나태해서 이루지 못하는 다이어트와 닮았다. 꾸준해야지 결과가 나오고 그래야만 성공할 수 있다. 실패하는 이유마저 비슷하다. 모두가 성공적인 브랜딩을 이뤄내지 못한 이유는 몰라서가 아니다. 알아도 실천하지 않았을 것이다. 이 책에서 말한 내용을 이미 알고 있었을 가능성도 크다. 모두가 알고 있지만 실천하지 않아 이루지 못한 것들을 찾아 우선 도전하는 것이 매우 중요하다.

"떨어진 사과를 기다려 먹는 것보다 나무에 달린 사과를 따 먹는 것이 빠르다."

이 말을 들은 사람들은 '그걸 누가 모르나?' 싶을 수 있다. 콜럼버스의 달걀처럼 누구나 생각할 수 있는 이야기이다. 그런데 여기서 중요한 포인트는 '생각만 했는가 아님 행동으로 옮겼는가'이다. 콜럼버스는 실제 행동으로 옮겼고, 그렇기 때문에 결국 그가 대단한 업적을 남긴 사람이 된 것이다.

갑자기 하루아침에 얻어지는 것은 없다. 브랜딩은 로또가 아니다. 아니! 로또도 많이 산 사람이 1등이 될 확률이 더 높다. 우린 매번 복권을 사지도 않으면서 '복권에 1등이 되면 뭐 하지?' 하며 존재하지도 않는 김칫국부터 마시곤 한다. 그런데 행동을 해야 결과가 있다. 복권을 사야 당첨될 확률이 있다. 새해 운동을 시작해야 다이어트가 시작된다.

의지와 마음만 갖는 것은 실제 하고 있는 게 아니다. 행동하고 도전해야 한다. 나 혼자 운동 한 번 하기도 이렇게 어려운데 회사라는 조직의 모두를 움직이는 건 얼마나 더 어려운 일이겠는가? 그렇기 때문에 더 진실되고 간절해야 하며 더 노력해야 한다.

관점을 바꿔야 한다. '저 어려운 사과나무를 어떻게 올라가 사과를 따 먹지?'가 아닌 사과나무에 오르는 것 자체가 즐겁다고 생각해야 한다. 이렇게 관점을 바꾸면 생각지 못한 결과들을 만들 수 있다.

워라블, 일이 삶이 되고 삶이 일이 될 때

일은 책상에 앉아서 해야만 일이 아니다. 지속적으로 내가 하고 있는 일을 어떻게 더 잘하고 성공적으로 만들지를 고민하고 찾아야 하며 그것을 이룩할 때 드디어 해답을 찾을 수 있다. 과연 아르키메데스가 자신의 연구에 매 순간 몰두하지 않았다면 욕조에 들어가는 순간 '유레카'를 외칠 수 있었겠는가? 세상의 모든 발명과 발전은 일과 일상을 블랜딩해 누구보다 끊임없이 탐구하던 사람들에게서 일어났다. 그리고 이런 발전과 발견은 꼭 과학자만 이뤄내는 것이 아니다. 우리도 할 수 있으며 나의 일과 삶을 잘 블랜딩하여 나의 발전에 즐거운 게임처럼 대입하자. 그리고 그 게임을 정신없이 즐기다 보면 어느 순간 엄청나게 성장한 자신을 만나게 될 것이다.

카페에 가서 주문을 받는 푸른 눈의 청년을 보면서도 '여기는 왜 이렇게 이름을 불러줄까?' 이유를 고민하고, '우리 브랜드에 어떻게 접목을 시키면 좋을까?' 발전을 고민하며 그냥 지나치던 모든 것들에 이유와 목적을 찾자. 나와 내 브랜드의 발전을 더욱 고민하는 것이다.

난 대단한 사람도 위대한 사람도 아니다. 이렇게 책까지 써 놓은 걸 보며 어떤 독자는 엄청 대단한 사람처럼 생각할 수도 있겠지만 단지 난 운이 좋은 사람이었다. 그리고 그 운을 놓치지 않으려고 정말 열심히 달렸다.

그리고 감사하게도 그런 노력이 지금의 멋진 커리어를 만들어주었다. 절대 나 혼자 만든 것이 아닌 당시 같이 달려준 많은 동료들과 함께 만들었다. 그들이 함께 목소리를 내줬기에 더 멋진 이야기들을 만들 수 있었고 그들이 같이 달려줬기에 지치는지 모르고 전력 질주할 수

4부 브랜딩도 결국 사람의 일

있었다.

이미 경험해 보았고 다시 만들라고 하면 언제든지 만들 수 있을 것 같은 생생한 기억들이지만 어쩌면 내 인생에서 가장 영광스럽고 빛났던 순간은 그런 동료들과 함께했던 그때가 아닐까 싶다.

연봉 협상 노하우를 묻는 주니어들에게

보통 받는 만큼 일하라는 말이 있다. 그런데 받는 만큼 일해서는 절대 큰 성공을 할 수 없다. 그것이 회사를 위한 성장이 아닌 본인을 위한 성장에서는 더욱 그렇다. 결국 회사에서의 성장은 나 자신의 성장이지 회사만 성장하는 것은 아니다. 그런데 이상하게도 자신의 업무량은 받는 급여 대비 너무 많은 것처럼만 생각하는 사람들이 많다.

물론 지금 받는 급여가 노동 대비 적을 수 있다. 그렇다고 지금을 불평해선 안 된다. 지금보다 더 잘해서 어떻게 올릴지 아니면 그 노력과 실력을 인정받아 더 대접받을 수 있는 직장으로 옮길지를 판단해야지 단순히 '지금 받는 게 적으니 나 이직할 거야'는 맞지 않다.

주니어들에게 가장 많이 받은 질문 중 하나가 바로 '연봉협상을 어떻게 해야 잘할 수 있는가?'였다. 그리고 내 대답은 항상 동일했다. 너의 퍼포먼스를 수치화해서 매출 대비 얼마나 효용성이 있었는지를 지표화하고 그것을 기반으로 협상 후 네가 이룰 수 있는 목표를 구체화하여서 연봉을 제안하라, 모호한 성과 말고 수치화하여 명확히 성과를 증명하면 협상 자체에서 유리한 입장이 될 수 있다. 그리고 설령 제안한 연봉을 얻지 못하더라도 협상 이후 목표를 무조건 이루겠다는 포부와 함께 이룬다면 다음번 협상에는 네가 원하는 연봉으로 맞춰 달라고 선전포고를 하라고 말한다.

여기서 중요한 포인트는 나의 성과를 명확하게 수치화하는 것이 첫 번째이다. 보통 내가 받는 것 대비 더 노동을 많이 하고 더 고생하고 있다고 생각하지만 그걸 실제 수치화해서 얼마나 초과 노동하고 노동 대비 연봉이 적은지를 증명하라 하면 그러지 못하는 경우가 많다. 퍼포먼스 리뷰의 경우 회사가 직원을 상대로 평가해야 하지만 본인 스스로도 내 퍼포먼스가 소속된 회사와 브랜드에 도움이 되고 있는지를 명확하게 지표화하고 파악하고 있을수록 자신의 성장에 더욱 도움이 된다.

그리고 연봉은 앞으로 내가 할 일에 대한 값이 아닌 내가 한 일에 대한 값이다. 내가 앞으로 이렇게 열심히 할 건데 이 정도는 받아야지가 아닌 이렇게 열심히 했는데 이 정도는 받아야지가 맞다. 결국 받는 돈보다 더 열심히 일해야 내년의 내 연봉이 지금 일한 것에 대한 값으로 측정되는 것이다.

GFFG를 들어가기 전 패션회사를 다니는 동안 난 연봉이 한 번도 만족스러웠던 적이 없었다. 일하는 것 대비 매번 적은 돈을 받는다고 생각했다. 그런데 GFFG에 들어가 주도적으로 일하며 밤낮 주말 없이 일했고, 그전의 회사보다 훨씬 많은 시간을 일에 몰두했으나 연봉에 대한 불만은 없었다. 심지어 대표가 정해주는 대로 군말 없이 고맙다고 하고 일했다.

첫 회사 당시 1,850만 원이 내 첫 연봉이었는데 1억이 넘는 연봉이 되기까지 11년 걸렸다. 그중 4,000만 원까지 올라가는 데 7년이 걸렸고 거기서 6,000만 원이 올라 1억이 되기까지 4년이 걸렸다. 누군가에게는 대단하지 않은 연봉일 수도 있고 누군가에게는 평생 받고 싶은 연봉일 수도 있겠지만 나에게는 이루고 싶었던 꿈들 중 하나였다. 실제 그 꿈을 이룰 수 있었던, 퀀텀점프하던 시점의 나는 정작 받는 연봉에 연연하지 않고 일에 몰두해 있었다.

연봉과 관계없이 일에만 집중했던 시간이 결국 나의 퍼포먼스와 회사의 성장을 만들었으며 그런 결과를 통해 나의 연봉도 대우도 점점 좋아졌고, 지금의 명성과 자리를 만들 수 있었다고 생각한다.

회사는 따분하고 돈을 벌러 가는 수단에서 어느 순간 나의 행복이 되었고 돈보단 나의 미래와 즐거움을 위해 일하겠다고 마음을 바꿔 먹은 순간 내 인생 40년 중 가장 빛나는 성장을 만들어낸 것이다.

지금 우리가 말하는 브랜딩은 회사에 국한된 것처럼 보일 수 있겠지만 결국 개인에게도 통용된다. 나의 정체성을 정하고 방향성을 명확하게 정해 일관된 목소리로 꾸준하게 나아가는 것! 지금의 삶에 안주

하고 부품으로서 살아가기보단 주체적으로 목적을 갖고 행복을 찾아 즐겁게 그리고 '진정성'있게 살다 보면 돈과 명예 그리고 행복을 얻을 수 있을 것이며 그런 날은 분명히 온다고 이 책을 읽는 모든 이들에게 말해주고 싶다.

브랜드의 근육을 키우자

브랜딩은 결국 방향이다. 기술이나 기법 같은 것이 아닌 꾸준히 가져가야 할 사명이며 과정이다. 그렇기 때문에 갑자기 어느 날 한 번에 해결되지 않으며 한순간 큰돈을 썼다고 끝나는 것이 아니다. 이런 과정은 운동과도 닮았다.

우린 모두 열심히 운동하고 꾸준히 관리하면 건강하고 멋진 몸을 가질 수 있다는 것을 알고 있다. 하지만 운동만으로 가능할까? 식단도 유지해야 하고 보충제도 먹어줘야 하며 더 멋진 몸을 만들기 위해 다양한 시도를 하고 그 시도들을 지키며 유지해야만 비로소 장시간 뒤 멋진 몸을 만든다. 그럼 만들었다고 영원한가? 그것도 아니다. 꾸준히 관리해주지 않으면 결국 그 멋진 몸은 사라진다.

여기에 모든 일과 과정에 대한 진리가 숨어있다. 꾸준함과 유지! 인간이 본질적으로 싫어하고 어려워하는 가장 근본적인 활동이 선행되고 유지되어야만 멋진 몸을 만들 수 있듯 결국 브랜딩도 꾸준하고 끈질기게 만들어야 하는 것이다.

더하여 운동을 하면 몸이 아픈 경험을 종종 했을 것이다. 그 고통은 근육이 찢어지며 근육의 크기와 견고함을 만드는 과정에서 나오는 고통인데 브랜드의 성장도 이와 같다. 성장하는 순간은 참 힘들고 아픈 순간들이 많아진다. 이때 포기하는 것이 아닌 이것을 즐기며 꾸준함을 잃지 않는다면 결국 더욱 성장한 몸처럼 튼튼해진 브랜드를 만나게 될 것이다.

그리고 가장 중요한 것! 브랜드에도 기초 체력이 필요하다. 한 번도 운동을 안 하던 사람이 갑자기 마라톤이나 강력한 운동을 감당할 수 없듯 기회가 왔을 때 기량을 뽐내기 위해서는 철저한 준비가 필요한 것이다. 결국 꾸준히 운동하듯 브랜드를 일관되게 성장시켜온 브랜드만이 서서히 성장해 자신도 몰랐지만 어느 순간 튼튼해진 자신의 모습을 발견하게 된다. 갑자기 이룬 것처럼 느껴지겠지만 그건 아마도 꾸준하게 브랜드를 잘 가꾸고 브랜딩하며 성장했다는 증거일 것이다.

결국 우리 브랜드가 더 나아갈 수 있는 근육을 만들어야 한다. 전속력으로 달려 나가야 할 타이밍에 다리에 근육이 없다면 빠르게 달려 나갈 수 있겠는가? 언제든 달려 나갈 수 있는 기초 체력과 페이스를 유지해야 하며 꾸준히 준비해야 한다. 그리고 이것이 바로 브랜딩이다. 브랜딩은 필요에 의해 꺼내쓰는 수단이 아닌 오래오래 갈고 닦아야 하는 방식이자 루틴인 것이다.

부디 여러분 모두가 자신이 속한 브랜드의 정체성과 방향성을 잘 설정하고 일관된 목소리로 꾸준하게 보여주며 더욱 건강하게 성장시킬 수 있기를 바라며 책을 마친다.

Q. 어떤 분들에게 이 책을 추천하고 싶으신가요?

저는 한 명의 마케터입니다. 회사에서 열정을 불태우기보단, 한 명의 조직원으로 받는 만큼 일한다는 생각으로 주어진 일들만 하자는 방식으로 살았던 적도 있었습니다. 그런데 어느 순간 성장의 한계를 마주하게 되었고 이렇게는 큰 성장을 이룰 수 없다고 생각하여 새로운 도전을 시작했습니다.

모두가 그 시도를 걱정했지만 저는 변화하고 싶었고 도전하고 싶었습니다. 그리고 작지만 좋은 결과들을 만들어 책으로도 저의 이야기를 여러분에게 할 수 있는 기회를 얻게 되었습니다. 도전하지 않았다면 아직도 같은 자리에서 제자리걸음을 하는 한 명의 마케터였을지 모릅니다. 제가 성장하기 위해 도전하고 그 도전을 성공으로 만들기 위해 노력했던 그 모든 순간을 통해 전 비로소 브랜딩의 정의와 목적을 이해할 수 있었습니다.

이런 이야기를 미리 알았더라면 그리고 잘 알려줄 수 있는 좋은 멘토가 있었더라면… 지금보다 더 빠르게 성장할 수 있지 않았을까 가끔 생각하곤 합니다. 이 책이 여러분의 성장과 도전을 더욱 빛나게 만들어줄 작은 영감이 되기를 바랍니다.

자신의 브랜드를 만들고 운영하며 어떻게 성장해 나가야 할지 어려운 분들을 위해 친숙한 이야기로 썼습니다. 브랜딩을 이해하고 준비하는 참고서가 되기를 바랍니다. 여러분의 소중한 인생처럼 브랜드의 소중한 미래와 인생에 있어 그 브랜드를 만든 부모로서 건강하게 성장시킬 수 있는 좋은 영감이 되기를 바라며 이 책을 추천합니다.

Q. 이 책에서 가장 아끼는 내용을 꼽는다면요?

브랜딩은 '정체성(코어벨류)을 정하고 페르소나(주고객)를 정해 일관된 목소리로 꾸준하게 보여주는 것'이라는 문장은 제가 말하는 브랜딩의 모든 것을 관통하는 가장 중요한 메시지입니다. 아무리 뛰어난 전략과 기술이 있더라도 또는 너무나도 훌륭한 코어벨류가 있더라도 우리의 주고객에게 공감을 주지 못한다면 의미가 없습니다. 당장의 화려한 마케팅으로 제품이나 서비스를 구매하고 경험하게 할 수 있지만 그것을 지속적으로 이어가고 유지시키기 위해서는 고객들이 우리 브랜드에 바라는 기대감을 알고, 우리가 전하려는 브랜드의 방향성을 일관되게 보여주는 것이 가장 중요합니다.

사람도 입으로만 뱉는 게 아닌 실제 묵묵히 수행하며 일관된 모습을 꾸준히 보여주는 사람들에게 더욱 신뢰가 생기고 믿음이 생기듯, 브랜드도 고객과의 약속을 지키고 일관된 모습을 보여줘야 합니다. 결국 고객들이 우리 브랜드를 신뢰하고, 그 신뢰가 유지되면 진정한 의미의 단골로서 우리 브랜드를 더욱 건강하게 성장할 수 있도록 돕기 때문입니다.

각각의 브랜드가 멋지고 뛰어난 핵심 가치들을 내세우며 브랜드의 방향을 알립니다. 하지만 그 핵심 가치를 우린 잘 지키기 위해 얼마나 노력하고 있고, 어떻게 유지하기 위해 끊임없이 고민하는지를 생각해 봐야 할 것입니다.

Q. 작업하는 과정에서 가장 고민했던 지점은 무엇일까요?

'어떻게 설득시킬 것인가'입니다. 브랜드라는 것은 단지 상품을 제공하기 위한 모집단이 아닌 하나의 주체성을 갖는 존재와도 같습니다. 고객들과 소통하며 유대를 만들고 그런 유대를 통해 오래오래 건강하게 성장할 수 있지요. 유대를 만들기 위해서는 우리의 고객들에게 브랜드가 말하고자 하는 메시지와 방향성을 충분히 설득시킬 필요가 있습니다. 설득이 이뤄지지 않는 브랜드는 결국 소비자에게 외면받기 때문입니다. 여기서 설득은 단순한 구매전환만을 말하는 건 아닙니다. 설령 고객이 구매를 했더라도 마케팅이나 광고를 보고 기대했던 만족감을 실제로 제품이나 서비스가 주지 못한다면 이 또한 설득에 실패해 결국 고객을 잃게 만듭니다.

그렇기에 고객을 설득시키는 방법과 어떻게 나의 진심을 전할지에 대한 생각은 브랜딩에 있어 가장 고민해야 하는 부분입니다. 그리고 이런 점은 이 책을 집필할 때에도 저에게 같은 가장 중요한 고민이었습니다.

다양한 경험과 작은 성공을 통해 몸으로 이해하고 있는 나만의 방식과 기억들을 어떻게 전달해야 이 책을 읽는 모든 분들에게 진정성 있게 공감을 만들고 그 공감으로 하여금 설득할 수 있을까에 대해 많이 고민했습니다. 그래서 가장 쉬운 언어로 그리고 실제 경험을 토대로 최대한 여러분이 공감하실 수 있도록 노력했던 것 같습니다. 부디 부족하지만 저의 이야기를 재미있게 봐주시고 공감하시어 저의 진실함에 설득당해 주시면 감사드리겠습니다.

Q. 이 책으로 작가님을 처음 알게 된 독자에게 해주고 싶은 이야기가 있다면요?

전 대단한 사람은 아닙니다. 다만 운이 좋았고 그 기회를 놓치지 않기 위해 누구 못지않게 열심히, 제가 할 수 있었던 모든 일들에 최선을 다하며 노력했습니다. 그렇게 작은 성공과 좋은 결과들을 만들었고 여러분에게 책으로서 저의 이야기를 전달할 수 있다는 사실이 꿈만 같습니다.

그리고 저의 작은 성공은 분명 여러분도 충분히 만들 수 있는 이야기라고 생각합니다. 제가 특별해서가 아닌, 대단해서가 아닌, 저도 여러분도 노력하고 고민하며 천천히 쌓아올리다 보면 어느 순간 그 시간들이 행운으로 여러분을 찾아갈 것입니다.

좋은 기회를 만들기 위해 당신은 얼마나 진정성 있게 자신의 삶과 일을 바라보고 있나요? 이 책이 그런 고민을 하게 되는 계기가 되었으면 합니다. 쉬운 방법이나 공식이 아닌 결국 정공법으로 꾸준하게 열심히 살아가는 정직한 사람들이 성공한다는 마음을 가졌으면 합니다.

브랜딩은 전략이나 기술이 아닌 방향성이라는 생각으로 쌓은 저의 작은 경험들을 여러분들과 공유하고자 합니다. 요행보단 조금 더 진정성 있게 여러분들의 삶과 일을 바라보고, 그 안에서 더욱 건강하고 멋진 방향성을 찾으시길 바랍니다.

Q. 첫 책을 출간한 소감이 어떠신가요?

아직도 믿기지 않고 실감이 나지 않습니다. 전 어렸을 때 딱히 공부를 잘하거나 책을 많이 읽는 사람은 아니었습니다. 그런 제가 책을 쓰게 될 줄 누가 알았겠습니까? 처음에 책을 쓴다고 생각했을 때는 '내 주제에 웬 책이냐' 하며 고개를 절레절레했습니다.

그런데 어느 순간 그래도 인생을 열심히 살아가는 한 명의 청년이자 사람으로서 저의 이야기를 남기고 싶어졌습니다. 특별한 자랑이나 건방이 아닌, 많이 부족한 저의 경험이지만 그것을 통해 조금이라도 도움이 되는 분들이 있다면 도움이 되고 싶어졌습니다.

종종 저를 주변인들이 표현할 때 '기버'라고 말해주시는 분들이 많습니다. 전 무언가를 사람들과 나누고 함께 고민하며 더해가고 결국 같이 성장하는 과정을 너무 좋아하고 중요하게 생각합니다.

저의 경험을 나눔으로써 저의 것을 빼앗기는 게 아닌 함께 성장하는 기회라고 생각합니다. 더 많은 분들이 자신의 브랜드와 직장에서 조금 더 행복하고 즐겁기를 그리고 일의 본질을 찾으시기를 기원합니다. 그리고 작은 성공을 만드셨다면 저처럼 다른 분들과 나누며 함께 성장하는 다른 기회들도 만드시길 바랍니다.

마지막으로 부족한 저도 책을 썼듯이 여러분도 멋진 성장과 이야기를 만들며 여러분의 스토리와 책도 만날 수 있는 날들을 기대하겠습니다.

Q. 앞으로의 계획이 있을까요?

이번 책은 한 조직의 소속원으로서 제가 겪은 일들과 브랜딩에 대한 이야기를 담은 책입니다. 지금은 조직에서 벗어나 '준앤굿'이라는 저만의 회사를 만들어 다양한 브랜드와 협업하며 그들의 성장과 방향성을 돕고 있습니다.

하나의 조직 안에서 할 수 없었던 다양한 전개와 브랜딩의 방향들을 이제는 많은 브랜드들과 나누며 더욱 활발하게 확장할 예정입니다. 그 또한 좋은 결실을 만들게 된다면 다음 책은 파트너로서 같이 만들었던 성공적인 브랜딩을 이야기해 보려 합니다. 그리고 결국 A~Z까지 저 혼자 만든 브랜드의 브랜딩과 이야기를 또 다른 책으로 담을 수 있는 날이 올 수 있도록 열심히 도전하고 성장하려 합니다.

Q. 마지막으로 고마운 분들에게 하고 싶은 이야기가 있을까요?

전 아직 부족한 사람입니다. 하지만 이렇게 용기내어 저의 이야기를 말할 수 있기까지는 제가 '진정성' 있는 진실된 사람으로 잘 성장할 수 있도록 키워주신 우리 부모님이 있어서 가능했습니다. 저희 부모님의 사랑을 배우며 내 팀원과 브랜드에게 받았던 사랑만큼 사랑을 줄 수 있었습니다. 그 사랑으로 올바르게 성장했고, 부모님의 열정적인 성실함을 보며 부모님께 부끄럽지 않은 아들이 되려 열심히 살고 있습니다.

제 인생의 영웅이자 멘토이신 허충일, 강복심. 사랑하는 우리 부모님께 이 책을 바칩니다. 사랑합니다.

PS. 영원한 우리 마케팅팀! 위승준, 은수빈, 김양희, 김명선, 임민서, 박지완, 문서랑, 김우혁, 정병수! 너희가 있어서 그 멋진 이야기들을 만들 수 있었다. 항상 고맙고 각자 지금의 위치에서 더더욱 성장해 언젠가 다시 한번 함께 더 멋진 이야기를 만들어보자! 그때까지 나도 더욱 열심히 성장할게! 고마워!

Brand + ing

저는 브랜딩을 하는 사람입니다

초판 1쇄 발행 2024년 05월 22일
초판 5쇄 발행 2024년 08월 22일

지은이 허준
펴낸이 김상현

총괄 유재선   **기획편집** 전수현 김승민 주혜란   **디자인** 이현진
마케팅 김지우 김예은 송유경 김은주 남소현 성정은
경영지원 이관행 김범희 김준하 안지선

펴낸곳 (주)필름
등록번호 제2019-000002호   **등록일자** 2019년 01월 08일
주소 서울시 영등포구 영등포로 150, 생각공장 당산 A1409
전화 070-4141-8210   **팩스** 070-7614-8226
이메일 book@feelmgroup.com

필름출판사 '우리의 이야기는 영화다'

우리는 작가의 문체와 색을 온전하게 담아낼 수 있는 방법을 고민하며 책을 펴내고 있습니다.
스쳐가는 일상을 기록하는 당신의 시선 그리고 시선 속 삶의 풍경을 책에 상영하고 싶습니다.

홈페이지 feelmgroup.com   **인스타그램** instagram.com/feelmbook

© 허준, 2024

ISBN 979-11-93262-16-0(03320)

- 이 책 내용의 일부 또는 전부를 재사용하려면 반드시 필름출판사의 동의를 얻어야 합니다.
- 책값은 뒤표지에 있습니다. 잘못 만들어진 책은 구입처에서 교환해 드립니다.